英検 ランク順

英検®5級
英単語
650

単語＋熟語・会話表現

Gakken

はじめに

　最新の出題データを徹底分析し，本当に役に立つ情報だけをまとめた『ランク順』シリーズは，シリーズ累計460万部を超えるベストセラーになりました。

　このたび『ランク順』から英検シリーズを刊行するにあたり，過去7年分の英検過去問をテキスト化した膨大な語数のデータベース（コーパス）を作成し，筆記問題からリスニングテストのスクリプト（台本）までを徹底分析しました。これにより，過去の傾向から本当に「出る」単語・熟語だけを，本当に「出る」使い方で学習することができます。

　単語を学習することは，英検合格のための第一歩です。英検では，小・中学校の勉強や高校入試対策ではあまり見かけない単語も出題されます。出題されやすい単語の意味や使い方を，本書を使って効率よく学習しましょう。

　また，単語・熟語に加えて，英検でよく出題される会話表現をまとめたページも収録しています。会話表現は筆記問題だけでなく，リスニングテストでも出題されます。よく出る会話表現の意味や使い方，また発音を確認しておきましょう。

　さらに，モバイル学習に便利なダウンロード音声や，クイズ形式で手軽に単語・熟語を確認できるWebアプリも提供しています。これらの機能も活用して，いつでもどこでも英検の対策をすることができます。本書がみなさんの英検対策学習の心強いパートナーとなり，合格・得点アップの手助けになることを心より願っています。

Gakken

CONTENTS

ランク順英検5級英単語650

この本の特長と使い方

英検の過去問を徹底分析

　過去7年分の英検の過去問を徹底分析して，英検に出やすいものだけを厳選して収録しました。また，英検によく出る単語の組み合わせ（コロケーション）をもとに例文も作成していますので，本書を使って単語の学習をすれば，英検に合格するための単語力を最短ルートで効率よく身につけることができます。

覚えやすいジャンル別ランク順

　単語の学習は，関連のある単語どうしをまとめて覚えるのが効率的です。本書では，初めて英検を受験するみなさんでも無理なく単語の学習が進められるように，名詞は覚えやすいジャンル別のランク順を採用しています。また，数ページおきに，それぞれのジャンルでよく出る単語をまとめて覚えられるイラストのページも用意しています。

頻出熟語もカバー

　英検5級では，熟語の出題もあります。また，単語と同様に，筆記，リスニングの両方において熟語の理解が求められます。本書の熟語の章では，ランク順に熟語を紹介しています。熟語のすべてに例文を掲載しているので，より熟語の理解が深まる上，試験ではどのような文で使われているのかがわかります。

よく出る会話表現も収録

　英検では，筆記試験だけでなく，リスニングテストでも会話形式の問題が多く出題されます。本書では過去問の分析結果から，650のよく出る単語・熟語に加えて，よく出る会話表現も収録しています。表現の意味を覚えるとともに，実際にダウンロード音声を聞いて，会話形式の問題に慣れておきましょう。

Webアプリ, ダウンロード音声つき

　単語を学習する上で，意味を覚えることと同様に大事なのが音声を聞くことです。特に英検ではリスニングテストもあるので，単語の発音がわからなければ高得点を狙うことは難しいでしょう。本書では，いつでもクイズ形式で単語・熟語の学習ができる音声つきWebアプリと，本書に掲載されている単語・熟語と会話表現の発音と訳を確認できるダウンロード音声（音声再生アプリとMP3ダウンロード対応）がご利用になれます（→p.20）。これらを活用して，英語を正しく聞き取れるようにトレーニングしておきましょう。

基本構成　単語編

ジャンル別ランク順

ジャンル別のランク順になっているので，関連する単語をまとめて覚えられます。

1見開き1音声ファイル

ダウンロード音声のファイルナンバーを表示しています。聞きたい単語がすぐに探せるように，1見開き1ファイルになっています。

関連づけて効率学習

まとめてCheck! …同じ仲間の単語をまとめた表や，使い分けが必要な単語をイラストつきで紹介したりしています。

関連 …たくさんの単語を関連づけて効率よく覚えられるように，同じ意味や似た意味の単語，反対の意味の単語などを紹介しています。

同音 …異なるつづりで同じ読み方をする単語を紹介しています。

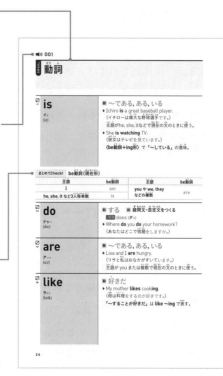

◼︎) 001

動詞

1 **is**
イズ
[íz]

◼ ～である，ある，いる
▶ Ichiro **is** a great baseball player.
（イチローは偉大な野球選手です。）
主語がhe, she, itなどで現在の文のときに使う。
▶ She **is watching** TV.
（彼女はテレビを見ています。）
(be動詞+ing形) で「～している」の意味。

まとめてCheck! be動詞（現在形）

主語	be動詞	主語	be動詞
I	am	you や we, they などの複数	are
he, she, it など3人称単数	is		

2 **do**
ドゥー
[dúː]

◼ する ◼ 疑問文・否定文をつくる
3単現 does（ダズ）
▶ Where **do** you **do** your homework?
（あなたはどこで宿題をしますか。）

3 **are**
アー
[άːr]

◼ ～である，ある，いる
▶ Lisa and I **are** hungry.
（リサと私はおなかがすいています。）
主語がyouまたは複数で現在の文のときに使う。

4 **like**
ライク
[láik]

◼ 好きだ
▶ My mother **likes** cooking.
（母は料理をするのが好きです。）
「～することが好きだ」は like ～ing で表す。

24

have
ヘァヴ
[hæv]

動詞

■ 持っている
[三単現] has [ハァズ]
▶ have two sisters (姉妹が2人いる)
▶ have bread for breakfast (朝食にパンを食べる)
▶ have a good time (楽しい時間を過ごす)
▶ have a cat (ねこを飼っている)
「持っている」のほかに、「ある、いる」「食べる」「経験する」「飼っている」などの意味もある。

go
ゴっ
[gou]

■ 行く
[三単現] goes [ゴウズ]

am
エァ。
[æm]

■ ～である、ある、いる
▶ I am a soccer fan. (私はサッカーファンです。)
主語が I で現在の文のときに使う。

does
ダず
[dʌz]
つづり

■ する (doの3人称単数・現在形)
■ 疑問文・否定文をつくる
▶ Does Tom like sushi? — Yes, he does.
(トムはすしが好きですか。—はい、好きです。)

play
プレイ
[plei]

■ (スポーツなどを)する、(楽器を)演奏する
▶ play tennis (テニスをする)
▶ play the piano (ピアノをひく)

see
スィー
[siː]

■ 見る、会う
□27ページ「見る」の使い分け

eat
イート
[iːt]

■ 食べる
▶ eat lunch (昼食を食べる)

25

熟語編

全熟語に例文を掲載

熟語は使い方とともに覚えるのがより効果的なので，熟語編では，すべての見出しの熟語に例文を掲載しています。また，ポイントの解説や関連語も充実しています。

会話表現編

場面別に会話表現も紹介

それぞれの表現が使われる場面別に，英検でよく出る会話表現も紹介しています。見出しの表現は会話形式の掲載なので，よく出るやりとりをそのまま覚えることができます。

■ この本の記号と表記

語形変化

不規則なもの，注意を要するものに表示してあります。

3単現 …動詞の3人称単数・現在形を表します。

ing形 …動詞のing形を表します。

品詞

名 …名詞（または名詞の働きをする語句）

代 …代名詞

動 …動詞

助 …助動詞

形 …形容詞

副 …副詞

前 …前置詞

接 …接続詞

間 …間投詞

冠 …冠詞

略 …略語

発音記号

　発音記号は，教科書や辞書によって表記が異なる場合があります。発音が米・英で異なる場合は米音だけを，複数ある場合は主要なものだけを表記しました。

　また，本書ではカタカナによる発音表記もしていますが，英語の発音をカタカナで正確に表すことは困難です。発音記号に慣れるまでの手がかりとして参考にしてください。なお，太字は強く読む部分を表しています。特にアクセントを注意したい単語にはアクセント位置に▼のマークをつけているので，しっかり覚えましょう。

英検5級の試験について

　実用英語技能検定（英検）は，文部科学省後援の検定として人気があり，入試や就職でも評価されています。英検5級を受験する人のために，申し込み方法や試験の行われ方などの役立つ情報を紹介します。

5級の試験実施方法

試験は筆記とリスニング

　5級の試験時間は筆記試験25分，リスニングテスト約22分の合計約47分です。筆記試験が終わると，2分ほどの準備時間のあと，すぐにリスニングテストが行われます。

　筆記試験もリスニングテストも，解答はすべてマークシート方式です。リスニングテストの解答時間は，1問につき10秒与えられます。

自宅の近くや学校で受けられる

　英検は，全国の多くの都市で実施されています。申し込み方法にもよりますが，たいていは自宅の近くの会場や，自分の通う学校などで受けられます。

試験は年3回実施される

　5級の試験は，6月（第1回）・10月（第2回）・1月（第3回）の年3回行われます。申し込み受付のしめ切りは，試験日のおよそ1か月前です。

　なお，申し込み方法によって試験日程や会場が異なりますので，試験日と会場は必ず確認しておきましょう。

試験の申し込み方法

団体申し込みと個人申し込みがある

　英検の申し込み方法は，学校や塾の先生を通じてまとめて申し込んでもらう団体申し込みと，自分で書店などに行って手続きする個人申し込みの2通りがあります。小・中学生の場合は，団体申し込みをして，自分の通う学校や塾などで受験することが多いようです。

まず先生に聞いてみよう

　小・中学生は，自分が通っている学校や塾を通じて団体申し込みをする場合が多いので，まずは担任の先生や英語の先生に聞いてみましょう。
　団体本会場（公開会場）申し込みの場合は，先生から願書（申し込み用紙）を入手します。必要事項を記入した願書と検定料は，先生を通じて送ってもらう形になります。自分の通う学校や塾などで受験する「準会場受験」の場合，申し込みの際の願書は不要です。試験日程や試験会場なども，英検担当の先生の指示に従いましょう。

個人で申し込む場合は書店・コンビニ・ネットで

■ 書店で申し込む
　英検特約書店（受付期間中に英検のポスターを掲示しています）で検定料を払い込み，「書店払込証書」と「願書」を英検協会へ郵送する。

■ コンビニエンスストアで申し込む
　店内の情報端末機から直接申し込む。（詳しくは英検のウェブサイトをごらんください。）

■ インターネットで申し込む
　英検IDを取得後，英検のウェブサイトから申し込む。

11

5級のレベルと合格ライン

5級は「初歩的な英語」レベル！

日本英語検定協会の審査基準によると，英検5級は『初歩的な英語を理解することができ，またそれを使って表現することができる』レベルです。

配点は2技能均等！

筆記とリスニングの各技能ごとにスコアが表示され，その合計が合格基準スコアに達していれば合格です。

試験では「語い・文法力」「読解力」「聴解力（リスニングの力）」といった，さまざまな英語の力が総合的に試されます。苦手な分野を作らないように，それぞれの力をバランスよく身につけておくことが大切です。

解答はマークシート方式！

解答は，選択肢から1つを選び，解答用マークシートのその番号の部分をぬりつぶすマークシート方式です。試験では次の点に注意しましょう。

・HBの黒鉛筆を使うこと（シャープペンシルも使用可とされています）。ボールペンや色鉛筆は使えない。
・機械で読み取れるように，はっきりとぬりつぶすこと。
・間違えてマークしてしまったときは，消しゴムできれいに消してから，新しい解答をマークすること。

英検攻略アドバイスと本番スケジュール

単語数は教科書よりグーンと多い！

　5級の試験には，英語の教科書には出てこない単語や熟語も出てきます。本書で扱っている単語や熟語はしっかり覚えておきましょう。

リスニングの対策を！

　英検では，英語の技能が総合的に試されます。単語や文法などの学習に加え，本書のダウンロード音声などを活用して，リスニングのトレーニングもしておきましょう。また，スピーキングテストを受験する場合はその対策も必要です。

試験本番のスケジュール

① 当日は受験票兼本人確認票を必ず持参しましょう。
② 自分の受験する教室を確認し，着席します。（**受験番号によって教室がちがうので**，よく確認しましょう。また，お手洗いは混雑するので早めに行きましょう。）
③ **問題冊子**と**解答用紙**が配られます。
④ 受験者心得の放送の指示に従って，解答用紙に**必要事項**を記入します。
⑤ 試験監督の合図で筆記試験開始！

5級の出題内容

筆記試験

大問1 空所に入る適切な語句を選ぶ問題

　短い文や会話を読んで，（　　）に適する語句を選ぶ問題です。おもに単語力と文法の知識が問われます。

大問2 空所に入る適切な英文を選ぶ問題

　会話文を読んで，（　　）に適する文や語句を選ぶ問題です。会話の流れを読み取る力と，会話表現の知識が問われます。

大問3 語句の並べかえの問題

　日本文の意味に合うように語句を並べかえて，1番目と3番目にくるものの正しい組み合わせを答える問題です。総合的な作文の力が問われます。

リスニングテスト

第1部　適切な応答を選ぶ問題

　Aの発言を聞いて，それに対するBの応答として適するものを，放送される選択肢から選ぶ問題です。問題用紙に印刷されているのはイラストだけで，応答の選択肢も放送で読まれます。（会話と選択肢は2度読まれます。）

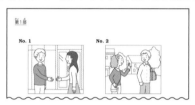

第2部　対話文についての質問に答える問題

　A→Bの会話と，その内容についての質問を聞いて，質問の答えを選ぶ問題です。問題用紙には選択肢の英文が印刷されています。（会話と質問は2度読まれます。）

第3部　絵に合う英文を選ぶ問題

　短い英文を3つ聞いて，イラストの内容に合うものを選ぶ問題です。問題用紙にはイラストだけが印刷されています。（英文は2度読まれます。）

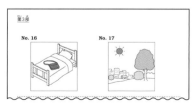

英検によく出る語形変化と重要単語

ここでは，英検5級でよく出る単語の基本的な変化形をまとめて紹介しています。複数形や ing 形などの語形変化をしっかりおさらいしましょう。

また，英検5級によく出る単語が覚えやすいように，セットで覚える単語をまとめています。効率よく覚えましょう。

1. 動詞の3単現と名詞の複数形のs, esのつけ方

動詞の3単現(3人称単数・現在形)と名詞の複数形は，同じルールで s や es をつける。まとめて覚えよう。

① ふつうの語は語尾に **s** をつける。

3単現 like(好きだ) → likes　　walk(歩く) → walks

複数形 book(本) → books　　girl(女の子) → girls

② **o, s, x, ch, sh** で終わる語は語尾に **es** をつける。

3単現 go(行く) → goes　　teach(教える) → teaches

複数形 bus(バス) → buses　　dish(皿) → dishes

③ 〈子音字＋y〉で終わる語は y を i にかえて **es** をつける。

3単現 study(勉強する) → studies

複数形 city(都市) → cities　　country(国) → countries

④ **f, fe** で終わる語は **f, fe** を **v** にかえて **es** をつける。

複数形 knife(ナイフ) → knives　　life(生命) → lives

2. 代名詞

「I – my – me – mine」のように，続けて発音しながら覚えよう。

	～は	～の	～を/に	～のもの		～は	～の	～を/に	～のもの
私	I	my	me	mine	私たち	we	our	us	ours
あなた	you	your	you	yours	あなたたち	you	your	you	yours
彼	he	his	him	his	彼ら				
彼女	she	her	her	hers	彼女ら	they	their	them	theirs
それ	it	its	it	—	それら				

1 **～は(主格)**……主語になる。

This is **Mike**. **He** is from Canada.
（こちらはマイクです。彼はカナダ出身です。）

2 **～の(所有格)**……持ち主を表す。

This is **my** bike. （これは私の自転車です。）
└ あとには名詞がくる

3 **～を/に(目的格)**……目的語になる。

That is **Mike**. Do you know **him**?
（あちらはマイクです。あなたは彼を知っていますか。）

4 **～のもの(所有代名詞)**……〈所有格＋名詞〉の働きをする。

Whose bike is this? — It's **mine**.
└ my bike のこと

（これはだれの自転車ですか。—それは私のものです。）

3. 動詞のing形の作り方

動詞の ing 形は語尾によって次の 4 通りの作り方がある。

1 ふつうの語は **ing** をつける。 read(読む) → read**ing**

2 **e** で終わる語は **e** をとって **ing** make(作る) → mak**ing**
をつける。 write(書く) → writ**ing**

3 〈子音字＋アクセントのある短 run(走る) → run**ning**
母音＋子音字〉で終わる語は swim(泳ぐ) → swim**ming**
子音字を重ねて **ing** をつける。

4. セットで覚える英単語

英検 5 級によく出る単語をセットで覚えよう。

1 動詞＋名詞

cook(料理する)
make(作る)   ＋   **breakfast**(朝食)
eat(食べる)   **lunch**(昼食)
                          dinner(夕食)

wash(洗う)   ＋   **my face**(顔)
                          my hands(手)

watch(見る)   ＋   **a movie**(映画)
                          TV(テレビ)

drink(飲む)   ＋   **milk**(牛乳)
                          coffee(コーヒー)
                          tea(紅茶)

speak(話す)   ＋   **English**(英語)
                          French(フランス語)

use(使う)   ＋   **a dictionary**(辞書)
                          a computer(コンピューター)
                          a pen(ペン)

write(書く)   ＋   **an e-mail**(E メール)
                          a letter(手紙)
                          my name(名前)

② 名詞のセット

breakfast(朝食) ― { **rice**(米)　**bread**(パン)　**milk**(牛乳)　**coffee**(コーヒー) }

sports(スポーツ) ― { **soccer**(サッカー)　**baseball**(野球)　**basketball**(バスケットボール) }

{ **animals**(動物)　**pets**(ペット) } ― { **bird**(鳥)　**cat**(ねこ)　**dog**(犬) }

music(音楽) ― { **piano**(ピアノ)　**guitar**(ギター)　**flute**(フルート)　**CD**(CD)　**song**(歌) }

book(本) ― **library**(図書館)

doctor(医師) ― **nurse**(看護師) ― **hospital**(病院)

pen(ペン) ― **notebook**(ノート) ― **school**(学校)

{ **man**(男の人)　**boy**(男の子) } ― **father**(父) ― **brother**(兄, 弟)

{ **woman**(女の人)　**girl**(女の子) } ― { **mother**(母)　**sister**(姉, 妹) }

③ 似た意味や反対の意味の形容詞・副詞

{ **big / large**(大きい)　**small / little**(小さい) }　{ **easy**(簡単な)　**difficult**(難しい) }

{ **early**(早い, 早く)　**late**(遅い, 遅く) }　{ **fast**(速い, 速く)　**slow**(ゆっくりした) }

{ **good**(よい)　**bad**(悪い) }　{ **hot**(暑い, 熱い)　**cold**(寒い, 冷たい) }

long(長い) ⟷ **short**(短い, 背が低い) ⟷ **tall**(背が高い)

new(新しい) ⟷ **old**(古い, 年をとった) ⟷ **young**(若い)

left(左の) ⟷ **right**(右の, 正しい) ⟷ **wrong**(まちがった)

WEBアプリ・音声について

本書に掲載している単語・熟語をクイズ形式で確認できる WEB アプリと，単語・熟語と会話表現すべてとその「訳」を収録した音声を無料でご利用いただけます。

WEBアプリのご利用方法

スマートフォンで LINE アプリを開き，「学研ランク順」を友だち追加いただくことで，クイズ形式で単語・熟語が復習できる WEB アプリをご利用いただけます。

↓LINE友だち追加はこちらから↓

※クイズのご利用は無料ですが，通信料はお客様の
　ご負担になります。
※ご提供は予告なく終了することがございます。

学研ランク順　Q検索

音声のご利用方法

読者のみなさんのスタイルに合わせて，音声は次の 2 通りの方法でご利用いただけます。

①アプリで聞く

音声再生アプリ「my-oto-mo（マイオトモ）」に対応しています。下記の二次元コードか URL にスマートフォンやタブレットでアクセスいただき，ダウンロードしてください。

https://gakken-ep.jp/extra/myotomo/
※アプリの利用は無料ですが，通信料はお客様の
　ご負担になります。
※パソコンからはご利用になれません。

②パソコンにダウンロードして聞く

下記の URL のページ下部のタイトル一覧から，「英検ランク順英検 5 級英単語 630」を選択すると，MP3 音声ファイルをダウンロードいただけます。

https://gakken-ep.jp/extra/myotomo/

※お客様のネット環境およびスマートフォン，タブレットによりアプリをご利用いただけない場合や，お客様のパソコン環境により音声をダウンロード，再生できない場合，当社は責任を負いかねます。また，アプリ，音声のご提供は予告なく終了することがございます。ご理解，ご了承をいただきますよう，お願い申し上げます。

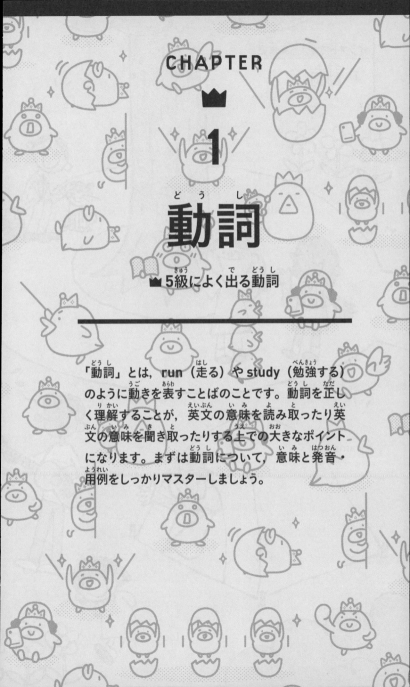

CHAPTER

1

動詞

▶5級によく出る動詞

「動詞」とは，run（走る）や study（勉強する）のように動きを表すことばのことです。動詞を正しく理解することが，英文の意味を読み取ったり英文の意味を聞き取ったりする上での大きなポイントになります。まずは動詞について，意味と発音・用例をしっかりマスターしましょう。

sit
すわる

eat
食べる

read
読む

run
走る

listen
聞く

THEME **動詞**

☑ 1

is

イ_ズ
[iz]

動 ～である, ある, いる

▶ Ichiro **is** a great baseball player.
（イチローは偉大な野球選手です。）
主語がhe, she, itなどで現在の文のときに使う。

▶ She **is watching** TV.
（彼女はテレビを見ています。）
〈be動詞＋ing形〉で「～している」の意味。

まとめてCheck! **be動詞（現在形）**

主語	be動詞	主語	be動詞
I	am	you や we, they などの複数	are
he, she, it など3人称単数	is		

☑ 2

do

ドゥー
[du:]

動 する **助 疑問文・否定文をつくる**

3単現 **does** [ダ_ズ]

▶ Where **do** you **do** your homework?
（あなたはどこで宿題をしますか。）

☑ 3

are

アー_ア
[ɑːr]

動 ～である, ある, いる

▶ Lisa and I **are** hungry.
（リサと私はおなかがすいています。）
主語が you または複数で現在の文のときに使う。

☑ 4

like

ライ_ク
[laik]

動 好きだ

▶ My mother **likes** cook**ing**.
（母は料理をするのが好きです。）
「～することが好きだ」は like ～ing で表す。

動詞

⬜5 have
ヘァヴ
[hæv]

動 持っている

3単現 has [ヘァズ]

▶ **have** two sisters（姉妹が2人いる）
▶ **have** bread for breakfast（朝食にパンを食べる）
▶ **have** a good time（楽しい時間を過ごす）
▶ **have** a cat（ねこを飼っている）

「持っている」のほかに、「ある，いる」「食べる」「経験する」「飼っている」などの意味もある。

名詞

⬜6 go
ゴゥ
[gou]

動 行く

3単現 goes [ゴゥズ]

形容詞・副詞など

⬜7 am
エァム
[æm]

動 ～である, ある, いる

▶ I **am** a soccer fan.（私はサッカーファンです。）
主語が I で現在の文のときに使う。

熟語

⬜8 does
ダズ
[dʌz]
つづり

動 する（doの3人称単数・現在形）
助 疑問文・否定文をつくる

▶ **Does** Tom like sushi? — Yes, he **does**.
（トムはすしが好きですか。―はい，好きです。）

会話表現

⬜9 play
プレイ
[plei]

動 （スポーツなどを）する, （楽器を）演奏する

▶ **play** tennis（テニスをする）
▶ **play** the piano（ピアノをひく）

⬜10 see
スィー
[si:]

動 見る, 会う

📖 27ページ「見る」の使い分け

⬜11 eat
イート
[i:t]

動 食べる

▶ **eat** lunch（昼食を食べる）

☑12	**want** ワーント [wɑnt]	動 ほしい
☑13	**cook** クック [kuk]	動 料理する　名 料理人 ▶ **cook** dinner（夕食を作る）
☑14	**watch** ワーチ [wɑtʃ]	動 (じっと)見る 3単現 watches ▶ **watch** TV（テレビを見る） ▣27ページ「見る」の使い分け
☑15	**open** オウプン [óupən]	動 開ける, 開く ▶ **open** the window（窓を開ける）
☑16	**read** リード [riːd]	動 読む ▶ **read** a book（本を読む）
☑17	**come** カム [kʌm]	動 来る ▶ He **comes from** Japan. （彼は日本の出身です。） **come from** ～で「～の出身である」の意味になる。
☑18	**make** メイク [meik]	動 作る ing形 making ▶ **make** a cake（ケーキを作る）
☑19	**know** ノウ [nou]　　　つづり	動 知っている ▶ Do you **know** that girl? （あの女の子を知っていますか。）

動詞

名詞

形容詞・副詞など

熟語

会話表現

☑ 20 drink

ドリンク
[driŋk]

動 飲む

☑ 21 swim

スウィム
[swim]

動 泳ぐ
ing形 swimming
▶ swim in the pool（プールで泳ぐ）

☑ 22 study

スタディ
[stʌ́di]

動 勉強する
3単現 studies
▶ study English
（英語を勉強する）

☑ 23 wash

ワーシュ
[waʃ]

動 洗う
3単現 washes

☑ 24 buy

バイ
[bai]

動 買う
関連 sell 動 売る
同音 by 前 ～によって

☑ 25 look

ルック
[luk]

動 見る
▶ Look at that dog.
（あの犬を見て。）
look at ～で「～を見る」という意味。

まとめてCheck!　「見る」の使い分け

see a mountain	look at the picture	watch TV
（山が見える）	（絵を見る）	（テレビを見る）
［目に入る］	［目を向ける］	［じっと見る］

☑ 26	**speak** スピーク [spiːk]	動 話す ▶ **speak** English and French （英語とフランス語を話す）
☑ 27	**use** ユーズ [juːz]	動 使う
☑ 28	**write** ラーイト [rait] 　 つづり	動 書く
☑ 29	**run** ラン [rʌn]	動 走る ing形 running
☑ 30	**sleep** スリープ [sliːp]	動 眠る
☑ 31	**live** リヴ [liv]	動 住んでいる ▶ **live** in Tokyo（東京に住む）
☑ 32	**meet** ミート [miːt]	動 会う 関連 meeting 名 会議
☑ 33	**close** クロウズ [klouz] 　 発音	動 閉める，閉まる ▶ **Close** the door, please. （ドアを閉めてください。）

1 They (　) my classmates.
   1. is　**2.** am　**3.** be　**4.** are
   (彼らは私のクラスメートです。)

2 He (　) a lot of friends in London.
   1. has　**2.** swims　**3.** plays　**4.** eats
   (彼はロンドンに友達がたくさんいます。)

3 *A:* Can you (　) that building over there?
   B: No, I can't.
   1. know　**2.** look　**3.** see　**4.** meet
   A: (あそこにあるあの建物が見えますか。)
   B: (いいえ, 見えません。)

4 My father can (　) three languages.
   1. call　**2.** speak　**3.** walk　**4.** cook
   (私の父は3か国語を話すことができます。)

5 She is (　) a letter to her grandmother.
   1. working　**2.** studying　**3.** washing　**4.** writing
   (彼女はおばあちゃんに手紙を書いています。)

....

答え　 ❶ 4　 ❷ 1　 ❸ 3　 ❹ 2　 ❺ 4

☑ 34	**help** ヘ_{ップ} [help]	動 手伝う　名 手伝い ▶ Eri often **helps** her mother. （エリはよくお母さんを手伝います。）
☑ 35	**sing** ス_ィング [siŋ]	動 歌う ▶ **sing** a song（歌を歌う）
☑ 36	**take** テイ_ク [teik]	動 （手に）取る, 連れて[持って]いく ▶ **Take** me to the station. （私を駅まで連れていって。）
☑ 37	**get** ゲッ_ト [get]	動 得る, 手に入れる ing形 getting
☑ 38	**ski** ス**キー** [ski:]	動 スキーをする 「スキー板」の意味もあるよ。
☑ 39	**teach** ティー_チ [ti:tʃ]	動 教える ▶ **teach** science（理科を教える）
☑ 40	**walk** ウォー_ク [wɔːk]	動 歩く
☑ 41	**be** ビー [bi:]	動 助 be動詞の原形 ▶ **Be** quiet!（静かにしなさい！）

☑42 **stand**
ㇲ**テ**アンド
[stænd]

動 立つ

☑43 **work**
ワ～ク
[wə:rk]
●発音

動 働く　名 仕事(場)

☑44 **listen**
リㇲン
[lísn]
●つづり

動 聞く

☑45 **need**
ニード
[ni:d]

動 必要とする

☑46 **rain**
レイン
[rein]

動 雨が降る　名 雨
▶ It is **raining** now. (今, 雨が降っています。)
　主語には it を使う。

☑47 **excuse**
イㇰㇲ**キュー**ㇲ
[ikskjú:z]

動 許す
▶ **Excuse me.** (失礼します。／すみません。)
　知らない人に声をかけるときなどに使う。

☑48 **jump**
ヂャンプ
[dʒʌmp]

動 とぶ, ジャンプする

☑49 **love**
ラヴ
[lʌv]

動 大好きである

31

☑ 50 **sit** スィット [sit]	動 すわる _{ing形} sitting
☑ 51 **snow** スノウ [snou]	動 雪が降る　名 雪 ▶ Does it **snow** a lot in Niigata? （新潟では雪がたくさん降りますか。） 主語には it を使う。
☑ 52 **talk** トーク [tɔ:k] ●発音	動 話す ▶ Can I **talk to** Bob, please? （ボブをお願いします。） 電話での会話でよく使われる表現。
☑ 53 **stop** スターップ [stɑp]	動 止まる　名 停留所 _{ing形} stopping ▶ Don't **stop** here. （ここで立ち止まらないでください。） ▶ a bus **stop** （バスの停留所）
☑ 54 **start** スタート [stɑ:rt]	動 始まる, 始める ▶ What time does the soccer game **start**? （サッカーの試合は何時に始まりますか。）
☑ 55 **camp** キャンプ [kæmp]	動 キャンプをする　名 キャンプ ▶ go **camping** （キャンプに行く）
☑ 56 **dance** デァンス [dæns]	動 おどる　名 おどり _{ing形} dancing
☑ 57 **cut** カット [kʌt]	動 切る _{ing形} cutting ▶ **cut** a cake （ケーキを切る）

動詞

58 paint
ペイント
[peint]

■動 (絵の具で, 絵などを)描く
▶ **paint** a picture (絵を描く)

59 show
ショウ
[ʃou]

■動 見せる ■名 ショー, 番組
▶ **Show** your ticket, please.
（切符[チケット]を見せてください。）

60 skate
スケイト
[skeit]

■動 スケートをする

「スケートぐつ」の意味もあるよ。

61 think
スィンク
[θiŋk]

■動 思う, 考える
▶ I **think** so, too.
（私もそう思います。）
反対は, I **don't think** so.（私はそうは思いません。）

62 brush
ブラシュ
[brʌʃ]
つづり

■動 ブラシでみがく
▶ **brush** my teeth（歯をみがく）

63 enjoy
インヂョーイ
[indʒɔi]

■動 楽しむ

64 put
プット
[put]

■動 置く
ing形 putting
▶ Don't **put** your bag on the desk.
（かばんを机の上に置かないでください。）

65 begin
ビギン
[bigín]

■動 始める, 始まる
ing形 beginning
▶ Let's **begin** the class.（授業を始めましょう。）

名詞

形容詞・副詞など

熟語

会話表現

33

☑ 66	**clean** クリーン [kliːn]	動 そうじする ▶ My brother is **cleaning** his room. （兄[弟]は自分の部屋をそうじしています。）
☑ 67	**jog** ヂャーグ [dʒɑg]	動 ジョギングをする ing形 jogging ▶ go **jogging**（ジョギングに出かける）
☑ 68	**call** コーゥ [kɔːl]	動 電話する ▶ Please **call** back later. （あとで折り返し電話してください。）
☑ 69	**fly** ッフラーイ [flai]	動 飛ぶ 3単現 flies
☑ 70	**hike** ハイク [haik]	動 ハイキングをする ▶ go **hiking**（ハイキングに行く）
☑ 71	**smile** スマイゥ [smail]	動 ほほえむ 名 ほほえみ
☑ 72	**answer** エアンサァ [ǽnsər]　　つづり	動 答える, (電話に)出る 名 答え ▶ **answer** the phone（電話に出る） 関連 question 名 質問
☑ 73	**ask** エアスク [æsk]	動 たずねる

34

☑ 74	**find** ファーインド [faind]	動 見つける
☑ 75	**give** ギヴ [giv]	動 与える
☑ 76	**hear** ヒアァ [hiər] ✍つづり	動 聞く，聞こえる
☑ 77	**practice** プレアクティス [præktis]	動 練習する　名 練習
☑ 78	**ride** ラーイド [raid]	動 乗る ▶ ride a bike（自転車に乗る）

動詞

名詞

形容詞・副詞 など

熟語

会話表現

チェックテスト
で単語を覚えた
か確認しよう。

1 *A:* Can you (　) me with my homework?
   B: Sure. Wait a minute.
   1. do **2.** work **3.** help **4.** study
   A: (宿題を手伝ってくれますか。)
   B: (もちろん。ちょっと待ってね。)

2 (　) your umbrella to school today.
   1. Sing **2.** Take **3.** Go **4.** Have
   (きょうは学校にかさを持っていきなさい。)

3 The baseball game (　) at six in the evening.
   1. makes **2.** calls **3.** stands **4.** starts
   (その野球の試合は夕方6時に始まります。)

4 (　) your stay in Japan.
   1. Answer **2.** Enjoy **3.** Talk **4.** Hear
   (日本での滞在を楽しんでください。)

答え ❶ 3 ❷ 2 ❸ 4 ❹ 2

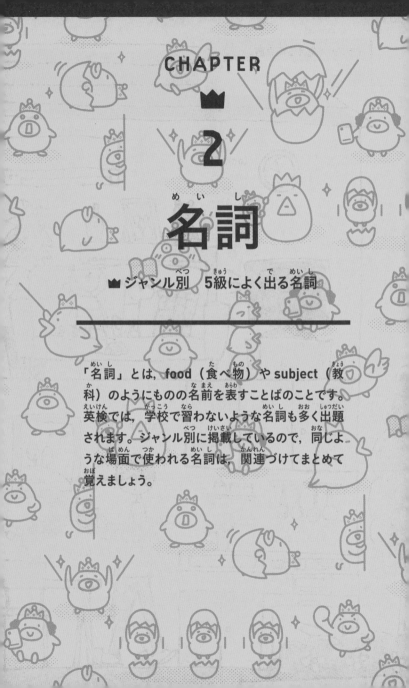

2

名詞

■ジャンル別　5級によく出る名詞

「名詞」とは，food（食べ物）や subject（教科）のようにものの名前を表すことばのことです。英検では，学校で習わないような名詞も多く出題されます。ジャンル別に掲載しているので，同じような場面で使われる名詞は，関連づけてまとめて覚えましょう。

clock
時計

TV
テレビ

painting
絵

father
父

kitchen 台所

table
テーブル

38

window
まど
窓

door
ドア

bed
ベッド

mother
はは
母

bathroom
よくしつ
浴室

TOPIC
家 いえ

☑ 79 **room**
ルーム
[ru:m]

名 部屋 へや

☑ 80 **home**
ホウム
[houm]
●発音

名 家, 家庭 いえ かてい　副 家に, 家へ いえ いえ
▶ at **home** (家で)

☑ 81 **house**
ハウス
[haus]

名 家 いえ
複 houses [ハーウズィズ]　●発音

☑ 82 **bed**
ベード
[bed]

名 ベッド

☑ 83 **kitchen**
キチン
[kitʃin]
つづり

名 台所 だいどころ

☑ 84 **chair**
チェアァ
[tʃeər]
つづり

名 いす

☑ 85 **picture**
ピクチャ
[piktʃər]

名 写真, 絵 しゃしん え
▶ paint a **picture** (絵を描く)
関連 photo 名 写真 しゃしん

40

☑ 86
desk
デスク
[desk]

名 机<small>つくえ</small>

☑ 87
TV
ティーヴィー
[tíːvíː]

名 テレビ
▶ watch **TV**（テレビを見る）

> **television**を省略した語だよ。

☑ 88
table
テイボゥ
[téibl]

名 テーブル

☑ 89
window
ウィンドゥ
[wíndou]

名 窓<small>まど</small>

☑ 90
camera
キャメラ
[kǽmərə]

名 カメラ

☑ 91
door
ドーァ
[dɔːr]

名 ドア

☑ 92
computer
コンピュータァ
[kəmpjúːtər]

名 コンピューター

☑ 93
letter
レタァ
[létər]

名 手紙<small>てがみ</small>

■)) 008

☑ 94	**CD** スィーディー [síːdíː]	名 **CD** ▶ a **CD** player（CDプレーヤー） compact disc（コンパクトディスク）の略だよ。
☑ 95	**phone** フォウン [foun]	名 電話 ▶ talk on the **phone**（電話で話す）
☑ 96	**bedroom** ベッルーム [bédruːm]	名 寝室
☑ 97	**bathroom** ベアスルーム [bǽθruːm] 発音	名 浴室, トイレ
☑ 98	**magazine** メァガズィーン [mǽgəziːn] つづり	名 雑誌
☑ 99	**comic book** カーミックブク [kámik buk]	名 まんが本
☑ 100	**painting** ペインティング [péintiŋ]	名 絵
☑ 101	**clock** クラーク [klɑk]	名 (置き)時計

42

動詞

名詞

形容詞・副詞など

熟語

会話表現

☑ 102 **garden**
ガードン
[gáːrdn]

名 庭

☑ 103 **basket**
ベアスキト
[bǽskit]

名 かご

☑ 104 **living room**
リヴィング ルーム
[lívɪŋ ruːm]

名 居間, リビングルーム

☑ 105 **movie**
ムーヴィ
[múːvi]
つづり

名 映画
関連 theater 名 映画館, 劇場　video 名 ビデオ

☑ 106 **newspaper**
ニュースペイパァ
[njúːzpeipər]
発音

名 新聞

☑ 107 **sofa**
ソゥファ
[sóufə]

名 ソファー

☑ 108 **bath**
ベアス
[bæθ]

名 風呂
関連 shower 名 シャワー

☑ 109 **floor**
フローァ
[flɔːr]

名 床, 階

☑ 110	**postcard** ポウストカード [póustkɑːrd]	名 はがき

☑ 111	**telephone** テレフォウン [téləfoun]	名 電話 ▶ **telephone** number （電話番号）

> phone（電話）は
> telephoneを短
> くした形だよ。

☑ 112	**diary** ダィアリ [dáiəri]　　つづり	名 日記

☑ 113	**doll** ダーゥ [dɑl]	名 人形

☑ 114	**DVD** ディーヴィーディー [díːviːdíː]	名 DVD

☑ 115	**light** ラーイト [lait]　　つづり	名 光, 信号

☑ 116	**wall** ウォーゥ [wɔːl]	名 壁

TOPIC
家族 か ぞく

☑ 117 **mom**
マーム
[mɑm]

名 お母さん
子どもが「お母さん」と呼びかけるときの言い方。

☑ 118 **brother**
ブ**ラ**ザァ
[brʌ́ðər]

名 兄, 弟

英語では「兄」も「弟」も区別しないで brother だよ。

☑ 119 **father**
ファ－ザァ
[fɑ́:ðər]

名 父

☑ 120 **mother**
マ**ザ**ァ
[mʌ́ðər]
つづり

名 母

☑ 121 **sister**
ス**イ**スタァ
[sístər]

名 姉, 妹

英語では「姉」も「妹」も区別しないで sister だよ。

☑ 122 **family**
フェアミリ
[fǽməli]

名 家族
複 families

☑ 123 **dad**
デアド
[dæd]

名 お父さん
子どもが「お父さん」と呼びかけるときの言い方。

45

☑ 124	**grandma** ｸﾞﾚｱﾝﾏｰ [grǽndmɑ:]	名 おばあちゃん grandmother のくだけた言い方。
☑ 125	**grandmother** ｸﾞﾚｱﾝﾏｻﾞｧ [grǽndmʌðər]	名 祖母
☑ 126	**grandfather** ｸﾞﾚｱﾝﾌｧｰｻﾞｧ [grǽndfɑ:ðər]	名 祖父
☑ 127	**aunt** ｴｱﾝﾄ [ænt]	名 おば
☑ 128	**grandpa** ｸﾞﾚｱﾝﾊﾞｰ [grǽndpɑ:]	名 おじいちゃん grandfather のくだけた言い方。
☑ 129	**uncle** ｱﾝｺｩ [ʌ́ŋkl]　　つづり	名 おじ

TOPIC

人 (ひと)

動詞

名詞

形容詞・副詞など

熟語

会話表現

☑ 130 **boy**
ボーイ
[bɔi]

名 男の子 (おとこのこ)

☑ 131 **girl**
ガ〜ゥ
[gəːrl]
●発音

名 女の子 (おんなのこ)

☑ 132 **friend**
ァレンド
[frend]
🖊つづり

名 友人, 友達 (ゆうじん, ともだち)

☑ 133 **man**
メアン
[mæn]

名 男の人 (おとこのひと)
複 men [メン]

☑ 134 **woman**
ウマン
[wúmən]

名 女の人 (おんなのひと)
複 women [ウィミン] ●発音

☑ 135 **people**
ピープゥ
[píːpl]
🖊つづり

名 人々 (ひとびと)
関連 person 名 人 (ひと)

☑ 136 **lady**
レイディ
[léidi]

名 女の人 (おんなのひと)

> woman のていねい
> な言い方だよ。

teacher
教師

pool
プール

school
学校

gym
体育館

48

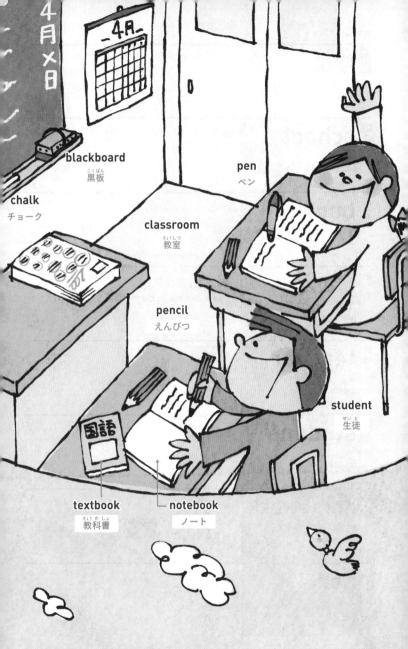

blackboard
こくばん
黒板

pen
ペン

chalk
チョーク

classroom
きょうしつ
教室

pencil
えんぴつ

student
せい と
生徒

textbook
きょう か しょ
教科書

notebook
ノート

☑ 137 **school** スクーゥ [sku:l] つづり	名 学校 がっこう
☑ 138 **book** ブック [buk]	名 本 ほん
☑ 139 **class** クレァス [klæs]	名 授業, クラス, 組 じゅぎょう くみ ▶ have an English **class**（英語の授業を受ける）えいご じゅぎょう う
☑ 140 **teacher** ティーチャァ [tíːtʃər]	名 教師 きょうし
☑ 141 **student** ステューデン [stjúːdnt]	名 生徒, 学生 せいと がくせい
☑ 142 **homework** ホウムワ〜ク [hóumwəːrk]	名 宿題 しゅくだい ▶ He is doing his **homework** now. （彼は今宿題をしています。）かれ いま しゅくだい
☑ 143 **box** バークス [bɑks]	名 箱 はこ

☑ 144
lesson
レッスン
[lésn]

名 授業, レッスン
▶ have a piano **lesson**（ピアノのレッスンを受ける）

☑ 145
pen
ペン
[pen]

名 ペン

☑ 146
pool
プーゥ
[pu:l]

名 プール

☑ 147
test
テスト
[test]

名 テスト, 試験
▶ study for a **test**（テスト勉強をする）

☑ 148
textbook
テクストブク
[tékstbuk]

名 教科書
▶ Close your **textbooks**.
（教科書を閉じなさい。）

☑ 149
club
クラブ
[klʌb]

名 クラブ, 部

soccer team（サッカー部）のように, 運動部には **team** を使うことが多いんだ。

☑ 150
cafeteria
キャフェティァリア
[kæfətiəriə]

名 カフェテリア, (学校の)食堂

☑ 151
dictionary
ディクショネリ
[díkʃəneri]

名 辞書
複 dictionaries

012

☑ 152
notebook
ノウトブク
[nóutbuk]
名 ノート

☑ 153
pencil
ペンスゥ
[pénsl]
名 えんぴつ

☑ 154
classroom
クレアスルーム
[klǽsru:m]
名 教室

☑ 155
calendar
キャレンダァ
[kǽləndər]
● 発音
名 カレンダー

☑ 156
gym
ヂム
[dʒim]
名 体育館

「スポーツジム」
の意味もあるよ。

☑ 157
chalk
チョーク
[tʃɔ:k]
つづり
名 チョーク

☑ 158
locker
ラーカァ
[lúkər]
名 ロッカー

☑ 159
music room
ミューズィク ルーム
[mjú:zik ru:m]
名 音楽室

動詞

☑ 160

blackboard

ブ**レア**クボード
[blǽkbɔːrd]

名 黒板

関連 board 名 板

名詞

☑ 161

eraser

イ**レイ**サァ
[iréisər]

名 消しゴム

☑ 162

ground

グ**ラー**ウンド
[graund]

名 グラウンド, 地面

形容詞・副詞など

☑ 163

high school

ハーイ スクーク
[hái skuːl]

名 高校

熟語

☑ 164

junior high school

ヂューニャ **ハー**イ スクーク
[dʒùːnjər hái skuːl]

名 中学校

会話表現

☑ 165

exam

イグ**ゼア**ム
[igzǽm]
つづり

名 試験

▶ a final **exam**
（期末試験）

examination
の略だよ。

TOPIC	スポーツ

☑ 166 **tennis**
テニス
[ténis]

名 テニス
関連 table tennis 名 卓球

☑ 167 **baseball**
ベイスボーゥ
[béisbɔːl]

名 野球

☑ 168 **sport**
スポート
[spɔːrt]

名 スポーツ

☑ 169 **soccer**
サーカァ
[sákər]
つづり

名 サッカー

☑ 170 **game**
ゲイム
[geim]

名 試合, ゲーム
▶ a baseball **game**（野球の試合）
関連 match 名 試合

☑ 171 **basketball**
ベアスキッボーゥ
[bǽskitbɔːl]

名 バスケットボール

☑ 172 **team**
ティーム
[tiːm]

名 チーム

☑ 173
racket
レアキッ
[rǽkit]

名 ラケット
▶ a tennis **racket**（テニスのラケット）

☑ 174
glove
グラッ
[glʌv]
●発音

名 手袋, グローブ
▶ a baseball **glove**（野球のグローブ）

☑ 175
cycling
サイクリング
[sáikliŋ]

名 サイクリング
▶ go **cycling**（サイクリングに行く）

☑ 176
football
フットボーゥ
[fútbɔːl]

名 フットボール

アメリカではふつうアメリカン・フットボールをさし, イギリスではサッカーやラグビーをさしますよ。

☑ 177
rugby
ラッビ
[rʌ́gbi]

名 ラグビー

☑ 178
volleyball
ヴァーリボーゥ
[válibɔːl]

名 バレーボール

spaghetti
スパゲッティ

pizza
ピザ

salad
サラダ

rice
ご飯

curry
カレー

juice
ジュース

steak
ステーキ

soup
スープ

hamburger
ハンバーガー

sandwich
サンドイッチ

cake
ケーキ

coffee
コーヒー

tea
こうちゃ
紅茶

ice cream
アイスクリーム

dessert
デザート

014

TOPIC 食べ物・飲み物

☑179	**cake** ケイク [keik]	名 ケーキ

> 果汁100%の
ものを言うよ。

☑180	**juice** ヂュース [dʒu:s] つづり	名 ジュース

☑181	**tea** ティー [ti:]	名 紅茶, お茶 ▸ green **tea**（緑茶）

☑182	**sandwich** セァンドウィチ [sǽndwitʃ]	名 サンドイッチ

☑183	**food** フード [fu:d]	名 食べ物

☑184	**pizza** ピーツァ [pí:tsə] 発音	名 ピザ

☑185	**milk** ミゥク [milk]	名 牛乳

動詞

名詞

形容詞・副詞など

熟語

会話表現

☑ 186 **chocolate**
チャーコレト
[tʃákələt]
● 発音

名 チョコレート

☑ 187 **water**
ウォータァ
[wɔ́ːtər]
● つづり

名 水

☑ 188 **dessert**
ディザ〜ト
[dizə́ːrt]

名 デザート
▶ What do you want for **dessert**?
（デザートに何がほしいですか。）

☑ 189 **rice**
ライス
[rais]

名 米, ご飯

☑ 190 **bread**
ブレッド
[bred]
● つづり

名 パン

☑ 191 **ice**
アイス
[ais]

名 氷

☑ 192 **spaghetti**
スパゲティ
[spəɡéti]
● つづり

名 スパゲッティ

☑ 193 **coffee**
コーフィ
[kɔ́ːfiː]
● つづり

名 コーヒー

☑ 194	**curry** カ〜リ [kə́ːri]	名 カレー ▶ **curry** and rice（カレーライス）
☑ 195	**hamburger** ヘアンバ〜ガァ [hǽmbəːrgər] 〜つづり	名 ハンバーガー
☑ 196	**ice cream** アイスクリーム [áis kríːm]	名 アイスクリーム
☑ 197	**cookie** クキィ [kúki]	名 クッキー
☑ 198	**egg** エグ [eg]	名 たまご
☑ 199	**ham** ヘアム [hæm]	名 ハム
☑ 200	**meat** ミート [miːt] 〜つづり	名 肉 関連 chicken 名 鶏肉
☑ 201	**pie** パーイ [pai] 〜つづり	名 パイ

☑ 202	**candy** キャンディ [kǽndi]	名 あめ 複 candies
☑ 203	**soup** スープ [su:p] つづり	名 スープ
☑ 204	**steak** ステイク [steik] つづり	名 ステーキ
☑ 205	**chip** チップ [tʃip]	名 チップス(薄切りにした菓子や食べ物) ▶ potato **chips**(ポテトチップス)
☑ 206	**salad** セァラド [sǽləd]	名 サラダ
☑ 207	**toast** トウスト [toust] つづり	名 トースト
☑ 208	**tuna** トゥーナ [tjúːnə]	名 ツナ

016

食事・食器
しょく じ　　しょっ き

☑ 209

dinner
ディナァ
[dínər]

名 夕食
ゆうしょく
▶ What's for **dinner**, Mom?（ママ，夕食は何？）
なに

☑ 210

lunch
ランチ
[lʌ́ntʃ]
✐つづり

名 昼食
ちゅうしょく

☑ 211

breakfast
ブレックファスト
[brékfəst]
✐つづり

名 朝食
ちょうしょく
▶ What do you have for **breakfast**?
（あなたは朝食に何を食べますか。）
ちょうしょく　　なに　　た

☑ 212

glass
グレァス
[glæs]

名 コップ，グラス
▶ a **glass** of apple juice
（コップ1杯のりんごジュース）
はい

☑ 213

cup
カップ
[kʌ́p]

名 カップ，茶わん
ちゃ
▶ a **cup** of coffee（カップ1杯のコーヒー）
はい

☑ 214

plate
プレイト
[pleit]

名 (浅い) 皿
あさ　　さら

☑ 215

knife
ナーイフ
[naif]
✐つづり

名 ナイフ
複 knives [ナーイヴズ]
関連 chopsticks 名 はし
　　　 fork 名 フォーク

k は発音
しないよ。
はつおん

動詞

名詞

形容詞・副詞など

熟語

会話表現

☑ 216 **spoon**
スプーン
[spu:n]

名 スプーン

野菜・果物

☑ 217 **apple**
エァポゥ
[æpl]

名 りんご

☑ 218 **fruit**
ッルート
[fru:t]
🖊つづり

名 果物
関連 **vegetable** 名 野菜

☑ 219 **orange**
オーリンヂ
[ɔ́:rindʒ]

名 オレンジ　形 オレンジ色の

☑ 220 **grape**
グレイプ
[greip]

名 ぶどう

grape はぶどう1つぶをさすよ。ふさになっているぶどうは **grapes** と複数形で表すよ。

☑ 221 **tomato**
トメイトウ
[təméitou]
発音

名 トマト
複 tomatoes

☑ 222 **potato**
ポテイトウ
[pətéitou]
発音

名 じゃがいも
複 potatoes

017

☑ 223

banana

バネアナ
[bənǽnə]

名 バナナ

☑ 224

pumpkin

パンプキン
[pʌ́mpkin]

名 かぼちゃ

☑ 225

melon

メロン
[mélən]

名 メロン

☑ 226

carrot

キャロト
[kǽrət]

名 にんじん

☑ 227

watermelon

ウォータメロン
[wɔ́ːtərmelən]

名 すいか

次は今まで習った
名詞をチェックテ
ストで確認しよう！

👑 チェックテスト

1 I usually go (　　) at five thirty.

1. home　**2.** house　**3.** to home　**4.** houses

（私はふつう5時半に家に帰ります。）

2 Let's go to the park after (　　).

1. teacher　**2.** office　**3.** school　**4.** classroom

（放課後に公園に行こう。）

3 She's in the English (　　).

1. clock　**2.** club　**3.** people　**4.** uncle

（彼女は英語部に入っています。）

4 *A:* What's for (　　), Mom?

B: Pizza.

1. fruit　**2.** food　**3.** spaghetti　**4.** lunch

A: （お母さん, 昼食は何？）

B: （ピザよ。）

答え　**1** 1　**2** 3　**3** 2　**4** 4

hospital
病院

bookstore
書店

car
車

park
公園

ship
ふね
船

department store
デパート

college
だいがく
大学

BUS

station
えき
駅

bus
バス

train
でんしゃ
電車

STATION

ZOO
どうぶつえん
動物園

67

TOPIC

町

228 **library**
ラーイブレリ
[láibreri]
つづり

名 図書館, 図書室
複 libraries

229 **park**
パーク
[pɑːrk]

名 公園

230 **station**
ステイション
[stéiʃən]

名 駅

231 **shop**
シャープ
[ʃɑp]

名 店
▶ a flower **shop**（生花店）

232 **shopping**
シャーピング
[ʃɑ́piŋ]

名 買い物
▶ go **shopping**（買い物に行く）

233 **zoo**
ズー
[zuː]

名 動物園

234 **restaurant**
レストラント
[réstərənt]
発音

名 レストラン

動詞

名詞

形容詞・副詞 など

熟語

会話表現

□ 235	**supermarket** スーパマーキッ [súːpərmɑːrkit]	名 スーパーマーケット
□ 236	**office** **オ**ーフィス [ɔ́ːfis]	名 事務所
□ 237	**store** スト—ァ [stɔːr]	名 店
□ 238	**airport** **エ**アポート [éərpɔːrt]	名 空港
□ 239	**bridge** ブ**リ**ッヂ [bridʒ]　つづり	名 橋
□ 240	**department store** ディパートメントストーァ [dipɑ́ːrtmənt stɔːr]	名 デパート
□ 241	**post office** **ポ**ウスト オーフィス [poust ɔ́ːfis]	名 郵便局
□ 242	**street** スト**リ**ート [striːt]	名 通り 関連 **road** 名 道路

☑ 243	**bench** ベンチ [bentʃ]	名 ベンチ
☑ 244	**city** スィティ [síti]	名 都市, 市 複 cities
☑ 245	**bank** ベアンク [bæŋk]	名 銀行
☑ 246	**bookstore** ブクストーア [búkstɔːr]	名 書店
☑ 247	**college** カーリヂ [kálidʒ]	名 大学 関連 university 名 (総合)大学
☑ 248	**hospital** ハースピトォ [háspitl]	名 病院 ▶ My grandfather is in (the) **hospital**. (私の祖父は入院しています。)
☑ 249	**building** ビゥディング [bíldiŋ]　　　つづり	名 建物 関連 build 動 建てる

動詞

TOPIC 乗り物

名詞

形容詞・副詞など

熟語

会話表現

☑ 250 **bus**

バス
[bʌs]

名 バス
複 buses

☑ 251 **train**

トレイン
[trein]
つづり

名 電車

☑ 252 **bike**

バイク
[baik]

名 自転車
▶ ride a **bike**（自転車に乗る）

☑ 253 **car**

カーァ
[kɑ:r]

名 車, 自動車

☑ 254 **plane**

プレイン
[plein]

名 飛行機

> **airplane** を省略した語だよ。

☑ 255 **bicycle**

バーイスィコウ
[báisikl]
つづり

名 自転車

☑ 256 **ship**

シップ
[ʃip]

名 船
関連 **boat** 名 （小型の）ボート

| ☑ 257 | **subway**
サブウェイ
[sʌ́bwei] | 名 地下鉄 |

TOPIC 生き物

| ☑ 258 | **cat**
キャット
[kæt] | 名 ねこ |

| ☑ 259 | **dog**
ドーグ
[dɔːg] | 名 犬 |

| ☑ 260 | **bird**
バ〜ド
[bəːrd] | 名 鳥 |

| ☑ 261 | **pet**
ペット
[pet] | 名 ペット
▶ He likes playing with his **pet** cat.
（彼はペットのねこと遊ぶのが好きです。） |

| ☑ 262 | **fish**
フィシュ
[fiʃ] | 名 魚
複 fish（単数形と複数形は同じ形） |

| ☑ 263 | **animal**
エアニマゥ
[ǽnəməl] | 名 動物 |

動詞

名詞

形容詞・副詞など

熟語

会話表現

☑ 264

butterfly

バタァフライ
[bʌ́tərflai]

名 ちょう
複 butterflies

☑ 265

monkey

マンキ
[mʌ́ŋki]

発音

名 さる

「モンキー」とは
発音しないよ。

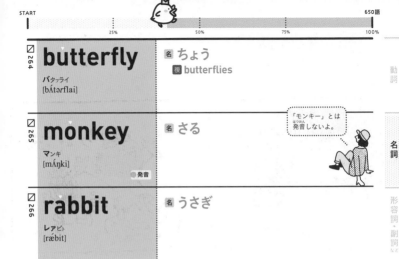

☑ 266

rabbit

レァビト
[ræbit]

名 うさぎ

きみの飼ってみたい
ペットは何かな？

6 月

January 1月

February 2月

May 5月

June 6月

September 9月

October 10月

March 3月

April 4月

July 7月

August 8月

November 11月

December 12月

021

TOPIC 月 つき

☑ 267

January

チェアニュエリ
[dʒǽnjueri]
🖊 つづり

名 1月 がつ

関連 month 名 (暦の)月 こよみ つき

☑ 268

February

フェブルエリ
[fébrueri]

名 2月 がつ

☑ 269

March

マーチ
[mɑːrtʃ]
🖊 つづり

名 3月 がつ

☑ 270

April

エイプリゥ
[éiprəl]
🖊 つづり

名 4月 がつ

☑ 271

May

メイ
[mei]

名 5月 がつ

☑ 272

June

ヂューン
[dʒuːn]
🖊 つづり

名 6月 がつ

☑ 273

July

ヂュラーイ
[dʒuːlái]
🖊 つづり

名 7月 がつ

動詞

名詞

形容詞・副詞など

熟語

会話表現

☑ 274

August

オーガスト
[ɔ́ːɡəst]
✏ つづり

名 8月

☑ 275

September

セプ**テン**バァ
[septémbər]
✏ つづり

名 9月

☑ 276

October

アク**トウ**バァ
[ɑktóubər]
✏ つづり

名 10月

☑ 277

November

ノウ**ヴェ**ンバァ
[nouvémbər]
✏ つづり

名 11月

☑ 278

December

ディ**セン**バァ
[disémbər]
✏ つづり

名 12月

9月から12月までは
ber で終わるんだね！

022

TOPIC
曜日（ようび）

☑ 279 **Sunday**
サンデイ
[sʌ́ndei]
🖊つづり

名 日曜日（にちようび）
関連 day 名 日
week 名 週（しゅう）

☑ 280 **Monday**
マンデイ
[mʌ́ndei]
🖊つづり

名 月曜日（げつようび）

☑ 281 **Tuesday**
テューズデイ
[tjúːzdei]
🖊つづり

名 火曜日（かようび）

☑ 282 **Wednesday**
ウェンズデイ
[wénzdei]
🖊つづり

名 水曜日（すいようび）

☑ 283 **Thursday**
サ～ズデイ
[θə́ːrzdei]
🖊つづり

名 木曜日（もくようび）

☑ 284 **Friday**
ッラーイデイ
[fráidei]
🖊つづり

名 金曜日（きんようび）

☑ 285 **Saturday**
セァタデイ
[sǽtərdei]
🖊つづり

名 土曜日（どようび）

TOPIC 季節

☑ 286 **spring**
スプ**リ**ング
[spriŋ]

名 春
関連 season 名 季節

☑ 287 **summer**
サマァ
[sʌ́mər]

名 夏

☑ 288 **fall**
フォーゥ
[fɔːl]

名 秋　動 落ちる
関連 autumn 名 秋

☑ 289 **winter**
ウィンタァ
[wíntər]

名 冬

TOPIC 時

☑ 290 **today**
トゥ**デ**イ
[tədéi]

名 きょう　副 きょうは
関連 yesterday 名 副 きのう(は)

☑ 291 **time**
ターィム
[taim]

名 時, 時間
▶ for a long **time**（長い時間の間）

☑ 292	**day** ディ [dei]	名 日
☑ 293	**morning** モーニング [mɔ́ːrniŋ]	名 朝, 午前 ▶ in the **morning** (朝に, 午前中に)
☑ 294	**night** ナーイト [nait] つづり	名 夜 ▶ at **night** (夜に)
☑ 295	**year** イアァ [jiər]	名 年, 年齢 ▶ He is six **years old**. (彼は6歳です。) ～ **year(s) old**で「～歳」の意味になる。
☑ 296	**hour** アウアァ [áuər] 発音	名 1時間
☑ 297	**weekend** ウィーケンド [wíːkend]	名 週末 ▶ They play tennis on **weekends**. (彼らは週末にテニスをします。)
☑ 298	**month** マンス [mʌnθ]	名 (暦の)月
☑ 299	**afternoon** アッタヌーン [əftərnúːn]	名 午後 ▶ He usually goes to the park in the **afternoon**. (彼はたいてい午後に公園へ行きます。)

☑ 300	**week** ウィーク [wíːk]	名 週 しゅう

☑ 301	**minute** ミニット [mínit] つづり	名 分 ふん

a minute で「ちょっとの間」という意味を表すこともあるよ。

☑ 302	**tomorrow** トゥモーロウ [təmɔ́ːrou]	名 あした　副 あしたは

☑ 303	**date** ディト [deit]	名 日付 ひづけ ▶ What's the **date** today? （きょうは何月何日ですか。） なん がつ なん にち

「デート」の意味もあるよ。 い み

☑ 304	**tonight** トゥナーイト [tənáit] つづり	名 今夜 こん や　副 今夜は こん や

☑ 305	**noon** ヌーン [nuːn]	名 正午 しょう ご ▶ at **noon**（正午に） しょう ご

☑ 306	**evening** イーヴニング [íːvniŋ] 発音	名 夕方 ゆう がた ▶ in the **evening**（夕方に） ゆう がた

動詞

名詞

形容詞・副詞など

熟語

会話表現

81

024

TOPIC 数（かず）

☑ 307	**number** ナンバァ [nʌ́mbər]　✐つづり	名 数（かず）, 番号（ばんごう）
☑ 308	**one** ワン [wʌn]　✐つづり	名 形 1(の)
☑ 309	**two** トゥー [tuː]	名 形 2(の)
☑ 310	**three** スリー [θriː]	名 形 3(の)
☑ 311	**four** フォーァ [fɔːr]　✐つづり	名 形 4(の)
☑ 312	**five** ファーイヴ [faiv]	名 形 5(の)
☑ 313	**six** スィクス [siks]	名 形 6(の)
☑ 314	**seven** セヴン [sévən]	名 形 7(の)
☑ 315	**eight** エイト [eit]　✐つづり	名 形 8(の)
☑ 316	**nine** ナーイン [nain]	名 形 9(の)

☑ 317	**ten** テン [ten]	名 形 10(の)
☑ 318	**eleven** イレヴン [ilévn] つづり	名 形 11(の)
☑ 319	**twelve** トウェッヴ [twelv] つづり	名 形 12(の)
☑ 320	**thirteen** サ～ティーン [θəːrtíːn]	名 形 13(の)
☑ 321	**fourteen** フォーティーン [fɔːrtíːn]	名 形 14(の)
☑ 322	**fifteen** フィッティーン [fiftíːn] 発音	名 形 15(の)
☑ 323	**sixteen** スィクスティーン [sikstíːn]	名 形 16(の)
☑ 324	**seventeen** セッンティーン [sevntíːn]	名 形 17(の)
☑ 325	**eighteen** エイティーン [eitíːn] つづり	名 形 18(の)
☑ 326	**nineteen** ナインティーン [naintíːn]	名 形 19(の)
☑ 327	**twenty** トウェンティ [twénti]	名 形 20(の)

動詞
名詞
形容詞・副詞など
熟語
会話表現

83

☐ 328	**thirty** サ〜ティ [θə́ːrti] つづり	名 形 30(の)
☐ 329	**forty** フォーティ [fɔ́ːrti] つづり	名 形 40(の)
☐ 330	**fifty** フィッティ [fífti] つづり	名 形 50(の)
☐ 331	**sixty** スィクスティ [síksti]	名 形 60(の)
☐ 332	**seventy** セッンティ [sévnti]	名 形 70(の)
☐ 333	**eighty** エイティ [éiti] つづり	名 形 80(の)
☐ 334	**ninety** ナインティ [náinti]	名 形 90(の)
☐ 335	**hundred** ハンドレド [hʌ́ndrəd] つづり	名 形 100(の)
☐ 336	**thousand** サウザンド [θáuzənd] つづり	名 形 1,000(の)

START
25% 50% 75% 100%

650 語

TOPIC 序数

☑ 337 **first**
ファ〜スト [fə:rst] ●発音
名 形 1番目(の), 最初(の)

☑ 338 **second**
セカンド [sékənd] ●発音
名 形 2番目(の)

☑ 339 **third**
サ〜ド [θə:rd] ●発音
名 形 3番目(の)

☑ 340 **fourth**
フォース [fɔːrθ]
名 形 4番目(の)

☑ 341 **fifth**
フィフス [fifθ] ●つづり
名 形 5番目(の)

☑ 342 **sixth**
スィクスス [siksθ]
名 形 6番目(の)

☑ 343 **seventh**
セヴンス [sévənθ]
名 形 7番目(の)

☑ 344 **eighth**
エイトス [eitθ] ●つづり
名 形 8番目(の)

☑ 345 **ninth**
ナーインス [nainθ] ●つづり
名 形 9番目(の)

☑ 346 **tenth**
テンス [tenθ]
名 形 10番目(の)

□ 347	**eleventh** イ**レ**ッンス [ilévənθ]	名 形 **11番目(の)**

× nineth や × twelveth じゃないよ。要注意！

□ 348	**twelfth** ト**ウエ**ッフス [twelfθ] ✏つづり	名 形 **12番目(の)**

□ 349	**thirteenth** サ〜**ティ**ーンス [θəːrtíːnθ]	名 形 **13番目(の)** 「〜番目(の)」というとき，thirteen から nineteen までは，teenのあとに**th**をつける。

□ 350	**twentieth** ト**ウエ**ンティエス [twéntiəθ] ✏つづり	名 形 **20番目(の)** 「〜番目 (の)」というとき，twenty から ninety までは，最後の y を **i** にかえて**eth** をつける。

□ 351	**hundredth** **ハ**ンドレッズ [hándredθ]	名 形 **100番目(の)**

□ 352	**thousandth** **サ**ウザンドス [θáuzəndθ]	名 形 **1,000番目(の)**

この本の約半分の単語を学んだよ！すごい，すごい！

👑 チェックテスト

¹ His mother is a nurse. She works in that (　　).

1. restaurant　**2.** library　**3.** bank　**4.** hospital

（彼のお母さんは看護師です。彼女はあの病院で働いています。）

² *A:* What (　　) is it now?

B: It's 5 o'clock.

1. hour　**2.** time　**3.** date　**4.** minute

A: （今何時ですか。）

B: （5時です。）

³ My brother is nine (　　).

1. year old　**2.** year young

3. years old　**4.** years young

（私の弟は9歳です。）

⁴ I run in the park in the (　　).

1. evening　**2.** Saturday　**3.** tonight　**4.** today

（私は夕方に公園を走ります。）

....

答え　❶ 4　❷ 2　❸ 3　❹ 1

7 洋服・身につける物

jacket
上着

skirt
スカート

shirt
シャツ

88

coat
コート

T-shirt Tシャツ

boots
ブーツ

shoes
くつ

hat
（ふちのある）ぼうし

umbrella
かさ

cap
（ふちのない）ぼうし

watch
腕時計

bag
かばん

027

洋服・身につける物

☑ 353
bag
ベァグ
[bæg]

名 かばん, 袋

☑ 354
shoe
シュー
[ʃuː]
つづり

名 くつ
▶ Whose **shoes** are these?
（これらはだれのくつですか。）

> 2つで1足なので, ふつう複数形にするよ。

☑ 355
cap
キャップ
[kæp]

名 (ふちのない)ぼうし, キャップ

☑ 356
hat
ヘァト
[hæt]

名 (ふちのある)ぼうし

☑ 357
watch
ワーチ
[watʃ]

名 腕時計
複 watches

☑ 358
T-shirt
ティーシャ〜ト
[tíːʃəːrt]

名 Tシャツ

☑ 359
coat
コウト
[kout]
発音 つづり

名 コート

---

jacket
360
ヂェアキット
[dʒǽkit]

名 上着, ジャケット

umbrella
361
アンブレラ
[ʌmbrélə]
つづり

名 かさ

shirt
362
シャ〜ト
[ʃə́:rt]

名 シャツ

boot
363
ブート
[buːt]

名 ブーツ
▶ She wants new **boots**.
（彼女は新しいブーツをほしがっています。）
shoe（くつ）と同様にふつう複数形で使う。

cell phone
364
セッ フォウン
[sél foun]

名 携帯電話

1語で cellphone と書くこともあるよ。

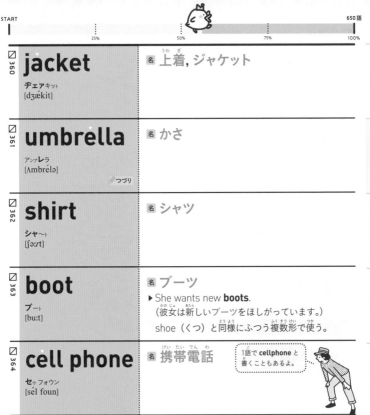

skirt
365
スカ〜ト
[skə́:rt]

名 スカート
関連 dress 名 ドレス

色

blue
366
ブルー
[bluː]
つづり

名 形 青(い)

☑ 367	**black** ブ**レア**ク [blæk]	名 形 黒(い)
☑ 368	**red** **レ**ッド [red]	名 形 赤(い)
☑ 369	**color** **カ**ラァ [kʌ́lər] ✎つづり	名 色
☑ 370	**white** ゥ**ワ**ーイト [ʰwait]	名 形 白(い)
☑ 371	**brown** ブ**ラ**ウン [braun]	名 形 茶色(の)
☑ 372	**pink** **ピ**ンク [piŋk]	名 形 ピンク(の)
☑ 373	**yellow** **イェ**ロウ [jélou]	名 形 黄色(い)
☑ 374	**green** グ**リ**ーン [griːn]	名 形 緑色(の)

TOPIC 教科 (きょうか)

☑ 375
music
ミューズィク
[mjúːzik]

名 音楽 (おんがく)

☑ 376
math
メアス
[mæθ]

名 数学 (すうがく)

> **mathematics** を縮めた形だよ。

☑ 377
science
サーイエンス
[sáiəns]
✎ つづり

名 理科, 科学 (りか, かがく)

☑ 378
history
ヒストゥリ
[hístəri]

名 歴史 (れきし)

☑ 379
art
アート
[ɑːrt]

名 美術, 芸術 (びじゅつ, げいじゅつ)
関連 **artist** 名 芸術家 (げいじゅつか)

☑ 380
P.E.
ピーイー
[píːíː]

名 体育 (たいいく)

> **physical education** を略した語だよ。

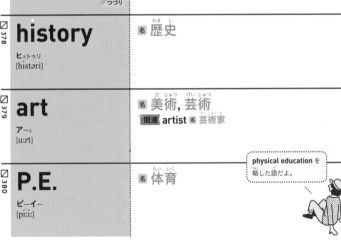

029

TOPIC
行事
^{ぎょう じ}

☑ 381 **birthday** バ〜ズデイ [bə́ːrθdei]　✎つづり	名 誕生日 ▶ a **birthday** present （誕生日プレゼント）
☑ 382 **present** プレズント [préznt]	名 贈り物, プレゼント
☑ 383 **party** パーティ [páːrti]	名 パーティー
☑ 384 **concert** カーンサ〜ト [kánsəːrt]	名 コンサート
☑ 385 **school festival** スクーゥ フェスティヴォゥ [skúːl fèstəvəl]	名 学園祭, 文化祭

TOPIC 楽器（がっき）

☑ 386 **piano**
ピエアノウ
[piǽnou]
●発音

名 ピアノ
▶ My brother plays the **piano** well.
（私の弟はピアノをじょうずにひきます。）

> 「楽器をひく」というとき、楽器名の前には **the** をつけよう。

☑ 387 **flute**
ッ**ルー**ト
[flu:t]

名 フルート

☑ 388 **guitar**
ギ**ター**ァ
[gitάːr]
●発音

名 ギター

☑ 389 **violin**
ヴァイア**リ**ン
[vaiəlín]
●発音

名 バイオリン

☑ 390 **trumpet**
ト**ラ**ンピト
[trΛmpit]

名 トランペット

☑ 391 **harmonica**
ハー**マ**ニカ
[hɑːrmάnikə]

名 ハーモニカ

95

player
選手

doctor
医師

singer
歌手

police officer
警察官

pianist
ピアニスト

driver
うんてんしゅ
運転手

swimmer
すいえいせんしゅ
水泳選手

nurse
かんごし
看護師

dancer
ダンサー

TOPIC **職業** しょくぎょう

☑ 392 **player**
プレイアァ
[pléiər]

名 選手, プレーヤー せんしゅ
▶ a tennis **player**（テニス選手せんしゅ）

☑ 393 **doctor**
ダークタァ
[dáktər]
つづり

名 医師いし

☑ 394 **police officer**
ポリース オーフィサァ
[pəlí:s ɔ:fisər]

名 警察官けいさつかん

☑ 395 **driver**
ドライヴァァ
[dráivər]

名 運転手うんてんしゅ
▶ a bus **driver**（バスの運転手うんてんしゅ）
関連 **drive** 動 運転うんてんする

☑ 396 **singer**
スィンガァ
[síŋər]

名 歌手かしゅ

☑ 397 **job**
ヂャーブ
[dʒɑb]

名 仕事しごと

☑ 398 **nurse**
ナ〜ス
[nə:rs]
発音

名 看護師かんごし

98

☑ 399
pianist
ピエアニスト
[piænist]

名 ピアニスト

☑ 400
swimmer
スウィマァ
[swímər]

名 水泳選手

☑ 401
waiter
ウェイタァ
[wéitər]

名 ウェイター

☑ 402
dancer
デァンサァ
[dænsər]

名 ダンサー

TOPIC
体

☑ 403
hand
ヘァンド
[hænd]

名 手
▶ Wash your **hands** before lunch.
（昼食の前に手を洗いなさい。）

☑ 404
foot
フット
[fut]

名 足
複 feet [フィート]

☑ 405
mouth
マウス
[mauθ]
発音

名 口

☑ 406	**hair** ヘァ_ァ [heər] 〰つづり	名 髪の毛 ▶ She is brushing her **hair**. （彼女は髪にブラシをかけています。）
☑ 407	**face** フェイス [feis]	名 顔
☑ 408	**finger** フィンガ_ァ [fíŋgər]	名 (手の)指
☑ 409	**leg** レーグ [leg]	名 脚 (足首から上の部分をさす)
☑ 410	**shoulder** ショウッダ_ァ [ʃóuldər] 〰つづり	名 肩
☑ 411	**head** ヘッド [hed]	名 頭
☑ 412	**tooth** トゥース [tu:θ]	名 歯 複 teeth [ティース]

TOPIC
言語

☑ 413 **English**

イン/グリシュ
[íŋgliʃ]

名 英語　形 英語の, イングランドの

▶ He speaks **English** well.
（彼は英語をじょうずに話します。）
▶ an **English** teacher（英語の教師）

☑ 414 **Japanese**

ヂェアパニーズ
[dʒæpəníːz]

名 日本語　形 日本(語)の

☑ 415 **French**

フレンチ
[frentʃ]

名 フランス語　形 フランス(語)の

☑ 416 **Chinese**

チャイニーズ
[tʃainíːz]

名 中国語　形 中国(語)の

032

TOPIC 自然・植物

☑ 417 **flower**
ァラウァ
[fláuər]
✐つづり

名 花

☑ 418 **mountain**
マウントン
[máuntn]
✐つづり

名 山

山の名前の前には **Mt. Fuji**（富士山）のように **Mt.** をつけるよ。

☑ 419 **river**
リヴァァ
[rívər]

名 川
関連 **lake** 名 湖

☑ 420 **tree**
ァリー
[tri:]

名 木

☑ 421 **sea**
スィー
[si:]

名 海

☑ 422 **rose**
ロウズ
[rouz]

名 バラ

TOPIC 国・都市

☑ 423
Canada
キャナダ
[kǽnədə]

名 カナダ

☑ 424
New York
ニュー ヨーク
[nju: jɔ́:rk]

名 ニューヨーク

> N.Y. と略すこと
> もあるよ。

☑ 425
country
カントリ
[kʌ́ntri]
　つづり

名 国
複 countries

☑ 426
Australia
オーストレイリャ
[ɔːstréiljə]
　発音

名 オーストラリア

☑ 427
Brazil
ブラズィゥ
[brəzíl]

名 ブラジル

☑ 428
Japan
ヂャペアン
[dʒəpǽn]

名 日本

033

TOPIC 単位（たんい）

☑ 429
dollar
ダーラァ
[dálər]
✍つづり

名 ドル
▶ The cap is 20 **dollars**.
（そのぼうしは20ドルです。）

アメリカの
通貨単位だよ。

☑ 430
meter
ミータァ
[míːtər]
◉発音

名 メートル
▶ The bridge is about 80 **meters** long.
（その橋の全長は約80メートルです。）

☑ 431
cent
セント
[sent]

名 セント（1ドルの100分の1）

☑ 432
kilogram
キロ グ レァム
[kíləgræm]

名 キログラム
▶ I am 40 **kilograms**.（私の体重は40キロです。）

☑ 433
yen
イェン
[jen]

名 円（日本の通貨単位）
▶ These shoes are 8,000 **yen**.
（このくつは8千円です。）

yen に s は
つかないよ。

☑ 434
centimeter
センティミータァ
[séntəmiːtər]

名 センチメートル
▶ My father is 180 **centimeters** tall.
（私の父の身長は180センチメートルです。）

☑ 435
gram
グ レァム
[græm]

名 グラム

☑ 436

kilometer

キラーミタァ
[kilάmətər]
●発音

名 キロメートル

TOPIC
その他

☑ 437

name

ネイム
[neim]

名 名前
▶ Please write your **name** here.
（ここにあなたの名前を書いてください。）

☑ 438

life

ラーイフ
[laif]

名 生活, 命
複 **lives** [ラーイヴズ] ●発音

☑ 439

idea

アイディーア
[aidíːə]
●発音

名 考え
▶ That's a good **idea**.
（それはいい考えです。）

☑ 440

lot

ラート
[lɑt]

名 (a 〜または〜sで) たくさん

☑ 441

page

ペイヂ
[peidʒ]

名 ページ
▶ Open your textbooks to **page** 45.
（教科書の45ページを開きなさい。）

☑ 442

song

ソーング
[sɔːŋ]

名 歌

動詞

名詞

形容詞・副詞など

熟語

会話表現

034

☑ 443

coin

コイン
[kɔin]

名 硬貨

☑ 444

fishing

フィシング
[fíʃiŋ]

名 魚釣り
▶ go **fishing**（釣りに行く）

☑ 445

case

ケイス
[keis]

名 容器, 箱
▶ a pencil **case**（筆箱）

☑ 446

money

マニ
[mʌ́ni]

名 お金

☑ 447

ticket

ティキット
[tíkit]

名 切符, チケット
▶ a **ticket** for the concert（コンサートのチケット）

☑ 448

pocket

パーキト
[pákit]

名 ポケット

☑ 449

weather

ウェザァ
[wéðər]
　　　つづり

名 天気
▶ How is the **weather** in New York?
（ニューヨークの天気はどうですか。）

☑ 450

west

ウェスト
[west]

名 西
関連 east 名 東　south 名 南　north 名 北

動詞

名詞

形容詞・副詞など

熟語

会話表現

☑ 451
band
ベァンド
[bænd]

名 バンド, 楽団

☑ 452
e-mail
イーメイゥ
[íːmeil]

名 Eメール
▶ write an **e-mail** (to ～)
((～に)Eメールを書く)
関連 **Internet** 名 (the Internetで)インターネット

☑ 453
story
スト―リ
[stɔ́ːri]

名 物語
複 stories

☑ 454
trip
トリップ
[trip]

名 旅行
▶ a **school trip** (遠足, 修学旅行)
関連 **vacation** 名 休暇

☑ 455
way
ウェイ
[wei]

名 道, 方向

> 名詞の単語は
> ここまで！よく
> 頑張ったね！

1 *A:* What (　) do you like?
B: I like red.
1. number **2.** color **3.** time **4.** music
A: (あなたは何色が好きですか。)
B: (赤が好きです。)

2 It's time for bed, Shota. Brush your (　).
1. mouth **2.** feet **3.** face **4.** teeth
(ショウタ, 寝る時間ですよ。歯をみがきなさい。)

3 The ship is about 10 (　) long.
1. dollars **2.** kilograms **3.** meters **4.** pages
(その船の全長は約10メートルです。)

4 She plays (　) very well.
1. concert **2.** the piano **3.** the pianist **4.** pianos
(彼女はとてもじょうずにピアノをひきます。)

....

答え　　1 2　　2 4　　3 3　　4 2

形容詞・副詞など

♛ 品詞別　5級によく出る形容詞・副詞など

この章では、英検5級によく出る動詞・名詞以外の単語を掲載しています。このような単語を効果的に覚えるコツは、一緒によく使われる単語とまとめて覚えることです。単語の意味を覚えるだけではなく、例文にも注目して学習しましょう。

9 形容詞

new
新しい

old
古い

big 大きい

small
小さい

tall
(背が)高い

short
(背が)低い

sunny
晴れた

rainy
雨降りの

cold
寒い

hot
暑い

warm
暖かい

windy
風の強い

035

THEME 形容詞 （けいようし）

☐ 456

good
グード
[gud]

形 **よい, じょうずな**
▶ She is a **good** cook.（彼女は料理がじょうずです。）
関連 **bad** 形 悪い

☐ 457

some
サム
[sʌm]

形 **いくつかの, いくらかの**
▶ **some** watches（いくつかの腕時計）

まとめてCheck!	数量を表す語句	
	数えられる名詞	数えられない名詞
たくさんの	**many** books（本）	**much** money（お金）
	a lot of books	**a lot of** money
いくらかの	**some[any]** books	**some[any]** money
少しの	**a few** books	**a little** money

☐ 458

every
エヴリ
[évri]

形 **毎〜, どの〜もみな**
▶ **every** night（毎晩）

☐ 459

new
ニュー
[njuː]

形 **新しい**

☐ 460

much
マッチ
[mʌtʃ]

形 **たくさんの, 多量の**
▶ **How much** are the shoes?
（そのくつはいくらですか。）
How much 〜?は, 値段をたずねる表現。
▶ 112ページ「数量を表す語句」

動詞

名詞

形容詞・副詞など

熟語

会話表現

☑ 461
nice
ナーイス
[nais]

形 すてきな, 親切な

☑ 462
old
オウゥド
[ould]

形 古い, 年とった
▶ My school is 80 **years old**.
（私の学校は創立80年です。）

建物の場合は「建てられて〜年」という意味になるよ。

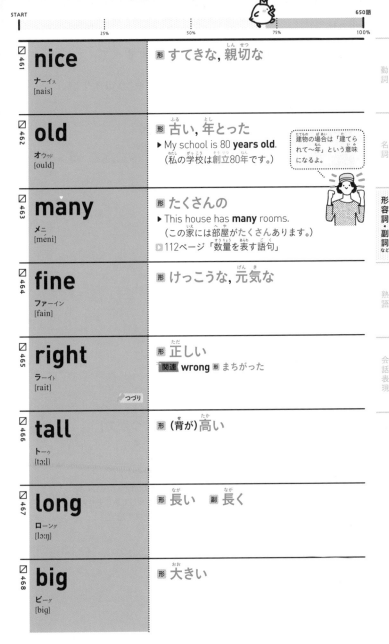

☑ 463
many
メニ
[méni]

形 たくさんの
▶ This house has **many** rooms.
（この家には部屋がたくさんあります。）
▶112ページ「数量を表す語句」

☑ 464
fine
ファーイン
[fain]

形 けっこうな, 元気な

☑ 465
right
ラーイト
[rait]
つづり

形 正しい
関連 **wrong** 形 まちがった

☑ 466
tall
トーゥ
[tɔːl]

形 (背が)高い

☑ 467
long
ローング
[lɔːŋ]

形 長い　副 長く

☑ 468
big
ビーグ
[big]

形 大きい

☑ 469	**all** オーゥ [ɔːl]	形 すべての　代 すべて ▶ That's **all**. （これで全部です。⇒これで終わりです。）
☑ 470	**fast** フェアスト [fæst]	形 速い　副 速く ▶ She is a **fast** runner. = She runs **fast**.（彼女は走るのが速いです。）
☑ 471	**cloudy** クラウディ [kláudi]　発音	形 くもった 関連 cloud 名 雲
☑ 472	**cold** コウゥド [kould]　発音	形 寒い, 冷たい
☑ 473	**pretty** プリティ [príti]	形 かわいらしい
☑ 474	**any** エニ [éni]	形 （疑問文で）いくつかの, （否定文で）少しも ▶ Do you have **any** questions? （何か質問はありますか。） ▶ I don't have **any** homework today. （きょうは宿題がまったくありません。） ▶ 112ページ「数量を表す語句」
☑ 475	**hot** ハート [hɑt]	形 暑い, 熱い

☑ 476

little

リトォ
[lítl]

つづり

形 小さな, (a ～で)少量の　　副 (a ～で)少し

▶ I can speak English **a little**.
（私は少し英語を話すことができます。）

📖 112ページ「数量を表す語句」

☑ 477

next

ネクスト
[nekst]

形 次の

☑ 478

sunny

サニ
[sʌ́ni]

つづり

形 晴れた

「晴れた」は **fine** で
表すこともあるよ。

☑ 479

easy

イーズィ
[íːzi]

形 簡単な

関連 **difficult** 形 難しい

☑ 480

happy

ヘァピ
[hǽpi]

形 幸せな, うれしい

☑ 481

cute

キュート
[kjúːt]

形 かわいい

☑ 482

high

ハーイ
[hai]

つづり

形 高い

「（身長が）高い」
は **tall** を使うよ。

☑ 483

rainy

レィニ
[réini]

形 雨降りの

037

☑ 484 **late**
レイト
[leit]

形 遅い, 遅れた
関連 later 副 あとで

☑ 485 **ready**
レディ
[rédi]
つづり

形 準備ができた
▶ **Are** you **ready for** dinner?
（夕食の準備はできていますか。）
be ready for ～ で「**～の準備ができている**」。

☑ 486 **small**
スモーゥ
[smɔːl]
つづり

形 小さい

☑ 487 **windy**
ウィンディ
[windi]

形 風の強い
関連 wind 名 風

☑ 488 **favorite**
フェイヴァリト
[féivərit]
つづり

形 お気に入りの, 大好きな

☑ 489 **great**
グレイト
[greit]
つづり

形 すばらしい, 偉大な
▶ That's **great**.
（[相手の言葉を受けて] それはすばらしい。）

☑ 490 **sleepy**
スリーピ
[slíːpi]

形 眠い

☑ 491 **hungry**
ハングリ
[hʌ́ŋgri]
つづり

形 空腹の
関連 thirsty 形 のどのかわいた

☑ 492

young

ヤング
[jʌŋ]

🖉つづり

形 若い

☑ 493

beautiful

ビューティフォ
[bjúːtəfəl]

🖉つづり

形 美しい

☑ 494

short

ショート
[ʃɔːrt]

形 短い, (背が)低い

☑ 495

slow

スロウ
[slou]

形 (スピードが)遅い, ゆっくりした

☑ 496

snowy

スノウィ
[snóui]

形 雪の降る

☑ 497

kind

カーインド
[kaind]

形 親切な, やさしい　名 種類
▶ **What kind of** fruit do you like?
（あなたはどんな種類の果物が好きですか。）
What kind of ~?は「どんな種類の～」という意味。

☑ 498

large

ラーヂ
[lɑːrdʒ]

形 大きい, 広い

☑ 499

soft

ソーフト
[sɔːft]

形 やわらかい
関連 **hard** 形 かたい

☑ 500	**last** レアスト [læst]	形 この前の, 最後の ▶ **last** night（昨夜） 関連 **next** 形 次の
☑ 501	**low** ロウ [lou]	形 低い 位置, 声, 価格などが「低い」というときに使うよ。
☑ 502	**warm** ウォーム [wɔːrm]　発音	形 暖かい, 温かい
☑ 503	**cool** クーゥ [kuːl]	形 すずしい 「かっこいい」という意味もあるよ。
☑ 504	**few** フュー [fjuː]	形 (a 〜で)少数の, 少しの ▶ a **few** students（少数の生徒） ▷ 112ページ「数量を表す語句」
☑ 505	**popular** パーピュラァ [pápjulər]　つづり	形 人気のある
☑ 506	**tired** タイアァド [táiərd]	形 疲れた

THEME 副詞

動詞

名詞

形容詞・副詞 など

熟語

会話表現

☑ 507 **yes**
イェス
[jes]

副 はい

☑ 508 **how**
ハーウ
[hau]

副 どう, どうやって, どれくらい
▶ **How** do you go to school?
（どうやって学校に行くの？）

☑ 509 **not**
ナット
[nɑt]

副 〜ない（否定文をつくる）

☑ 510 **no**
ノウ
[nou]

副 いいえ

☑ 511 **please**
プリーズ
[pliːz]
つづり

副 どうぞ
▶ **Please** sit down.（どうぞすわってください。）

☑ 512 **very**
ヴェリ
[véri]

副 ひじょうに, とても
▶ The movie is **very** popular.
（その映画はとても人気があります。）

☑ 513 **here**
ヒアァ
[hiər]

副 ここに

☑ 514	**where** ヮウェアァ [hweər]	副 どこに ▶ **Where** do you live? （あなたはどこに住んでいますか。）
☑ 515	**when** ヮウェン [hwen]	副 いつ ▶ **When** is your birthday? （あなたの誕生日はいつですか。）
☑ 516	**too** トゥー [tu:]	副 ～もまた, ～すぎる ▶ I have this book, **too**. （私もこの本を持っています。）
☑ 517	**now** ナーゥ [nau]	副 今
☑ 518	**there** ゼァァ [ðeər]	副 そこに
☑ 519	**o'clock** アゥラーク [əklɑ́k]	副 ～時 ▶ It's eight **o'clock**. （（今）8時です。） 時刻が「～時ちょうど」 というときに使うよ。
☑ 520	**often** オーッン [ɔ́:fn]　つづり	副 よく, しばしば ▶123ページ「頻度」を表す副詞
☑ 521	**well** ウェゥ [wel]	副 じょうずに, よく　間 ええと ▶ I know him **well**.（私は彼をよく知っています。）

動詞
名詞
形容詞・副詞など
熟語
会話表現

☑ 522 **usually**

ユージュアリ
[júːʒuəli]
つづり

副 **ふつうは, たいてい**
▷ 123ページ「頻度」を表す副詞

☑ 523 **up**

アプ
[ʌp]

副 **上へ**

☑ 524 **down**

ダウン
[daun]

副 **下へ**

☑ 525 **sure**

シュアァ
[ʃuər]

副 **(返事で) もちろん**
▷ Can you help me? — **Sure**.
(手伝ってくれる? — もちろん。)

☑ 526 **out**

アウト
[aut]

副 **外へ, 外に**

☑ 527 **really**

リーアリ
[ríːəli]
つづり

副 **本当に, とても**

☑ 528 **also**

オーッソウ
[ɔ́ːlsou]

副 **〜もまた**
▷ I like science. I **also** like math.
(私は理科が好きです。また私は数学も好きです。)

☑ 529 **only**

オウンリ
[óunli]
発音

副 **ただ〜だけ**

☑ 530	**sometimes** サムタイムズ [sʌ́mtaimz]	副 **ときどき** ▶123ページ「頻度」を表す副詞
☑ 531	**then** ゼン [ðen]	副 **そのとき, それから** ▶ I usually eat dinner and **then** watch TV. （私はふつう夕食を食べて, それからテレビを見ます。）
☑ 532	**back** ベアック [bæk]	副 **(元の場所に)戻って, 返して** ▶ call **back**（折り返し電話する）
☑ 533	**why** ッワイ [hwai]	副 **なぜ, どうして** ▶ **Why** is he happy? （どうして彼はよろこんでいるの？）
☑ 534	**off** オーフ [ɔːf]	副 **はなれて**
☑ 535	**together** トゥゲザァ [təɡéðər]	副 **いっしょに**
☑ 536	**just** ヂャスト [dʒʌst]	副 **ただ〜だけ, ほんの, ちょうど** ▶ I'm **just** looking.（見ているだけです。） お店で使う表現だよ。
☑ 537	**soon** スーン [suːn]	副 **すぐに** ▶ See you **soon**. （じゃあまたすぐに。） 別れるときのあいさつだよ。

☑ 538	**always** オーゥウェイズ [ɔ́ːlweiz]	副 いつも ▷ 123ページ「頻度」を表す副詞
☑ 539	**early** ア〜リ [ə́ːrli] ●発音	副 早く ▶ get up **early**（早起きする）
☑ 540	**maybe** メイビ [méibi]	副 もしかしたら（〜かもしれない）

まとめてCheck! 「頻度」を表す副詞

always	（いつも）	
usually	（たいてい）	I _____ **walk to school.**
often	（よく）	（私は _____ 学校へ歩いていきます。）
sometimes	（ときどき）	

今まで習った「頻度」を表す語をまとめて確認しよう！

)) 041

接続詞
せつ ぞく し

☑ 541

and

エアンド
[ænd]

接 〜と…, そして
▶ a dog **and** a cat（犬1匹とねこ1匹）

☑ 542

but

バト
[bʌt]

接 しかし
I like dogs, **but** my sister doesn't.
（私は犬が好きですが，妹は好きではありません。）

☑ 543

or

オーァ
[ɔːr]

接 〜または…
▶ Which do you like, *soba* **or** *udon*?
（そばかうどん，どちらが好きですか。）

☑ 544

so

ソゥ
[sou]

接 だから　副 そのように, とても
▶ I'm hungry, **so** I want three hamburgers.
（おなかがすいているから，ハンバーガーを3つほしい。）

動詞
名詞
形容詞・副詞 など
熟語
会話表現

THEME 前置詞（ぜんちし）

☐ 545 **in**
イン
[in]

前 ～（の中（なか））で[に]

☐ 546 **at**
アト
[æt]

前 ～で[に]

in は広（ひろ）がりのある空間（くうかん）に、at は地点（ちてん）に使（つか）うよ。

☐ 547 **on**
アン
[ɑn]

前 ～の上（うえ）で[に]、～で[に]

☐ 548 **to**
トゥー
[tu:]

前 ～へ[に]、～まで
▶ go **to** the park（公園（こうえん）に行（い）く）
▶ from Monday **to** Friday（月曜日（げつようび）から金曜日（きんようび）まで）

まとめてCheck! in, at, on の使（つか）い分（わ）け

In

in the box
（箱（はこ）の中（なか）に）

in Japan
（日本（にほん）で）

in April
（4月（がつ）に）

at

at the door
（ドアのところに）

at the station
（駅（えき）で）

at seven
（7時（じ）に）

on

on the desk
（机（つくえ）の上（うえ）に）

on the wall
（壁（かべ）に）

on Saturday
（土曜日（どようび）に）

☑ 549	**for** フォーァ [fɔːr]	前 **〜の間, 〜のために, 〜にそなえて** ▶ **for** two hours（2時間） ▶ study **for** a test（テストのために勉強する）
☑ 550	**of** アッ [ɑv]	前 **〜の** ▶ June is the sixth month **of** the year. （6月は1年の6番目の月です。）
☑ 551	**by** バイ [bai]	前 **〜によって, 〜のそばに** ▶ **by** the station （駅のそばに）
☑ 552	**with** ウィズ [wið]	前 **〜と（いっしょに）, 〜を使って** ▶ speak **with** her（彼女と話す） ▶ Wash your hands **with** soap. （石けんで手を洗いなさい。）
☑ 553	**from** ァラム [frɑm]	前 **〜から** ▶ students **from** Japan（日本からの生徒） ▶ **from** nine to five（9時から5時まで） 「〜から」の意味では場所・時間についてよく使う。
☑ 554	**after** エアッタァ [æftər]	前 **〜のあとに** ▶ **after** dinner（夕食後に）
☑ 555	**about** アバウト [əbáut]	前 **〜について** 副 **およそ〜, 約〜** ▶ for **about** an hour（約1時間）

動詞

名詞

形容詞・副詞など

熟語

会話表現

☑ 556

over

オウヴァァ
[óuvər]

前 ～の上に

over the desk（机の上に）

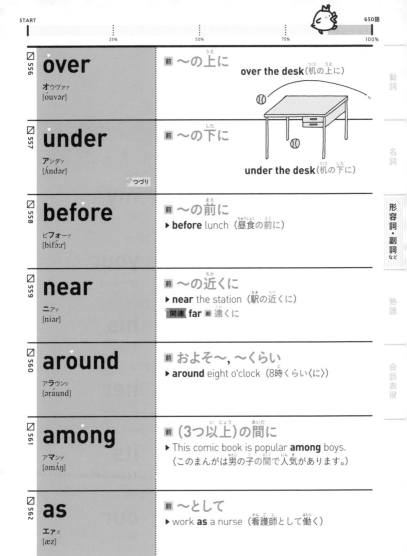

☑ 557

under

アンダァ
[ándər]

つづり

前 ～の下に

under the desk（机の下に）

☑ 558

before

ビフォーァ
[bifɔ́ːr]

前 ～の前に
▶ before lunch（昼食の前に）

☑ 559

near

ニアァ
[níər]

前 ～の近くに
▶ near the station（駅の近くに）
関連 far 副 遠くに

☑ 560

around

アラウンヴ
[əráund]

前 およそ～, ～くらい
▶ around eight o'clock（8時くらい〈に〉）

☑ 561

among

アマング
[əmʌ́ŋ]

前 (3つ以上)の間に
▶ This comic book is popular among boys.
（このまんがは男の子の間で人気があります。）

☑ 562

as

エアズ
[æz]

前 ～として
▶ work as a nurse（看護師として働く）

043

代名詞

		主格	所有格
		[～は]	[～の]
[私]		☐ 563 **I** アィ [ai]	☐ 564 **my** マィ [mai]
[あなた あなたたち]		☐ 567 **you** ユー [juː]	☐ 568 **your** ユァァ [juər]
[彼]		☐ 570 **he** ヒー [hiː]	☐ 571 **his** ヒx [hiz]
[彼女]		☐ 573 **she** シー [ʃiː]	☐ 574 **her** ハ～ァ [həːr]
[それ]		☐ 576 **it** イット [it]	☐ 577 **its** イッ [its]
[私たち]		☐ 578 **we** ウィー [wiː]	☐ 579 **our** アゥァァ [áuər] ●発音
[彼[彼女]ら それら]		☐ 582 **they** ゼィ [ðei]	☐ 583 **their** ゼァァ [ðeər] ●発音 ✎つづり

目的格	所有代名詞
[　～を　]	[　～のもの　]
☒ 565 **me** ミー [mi:]	☒ 566 **mine** マイン [main]
☒ **you** ユー [ju:]	☒ 569 **yours** ユァァズ [juərz]
☒ 572 **him** ヒム [him]	☒ **his** ヒズ [hiz]
☒ **her** ハ〜ァ [hə:r]	☒ 575 **hers** ハ〜ズ [hə:rz]
☒ **it** イット [it]	
☒ 580 **us** アス [ʌs]	☒ 581 **ours** アウアァズ [áuərz]
☒ 584 **them** ゼム [ðem]	☒ 585 **theirs** ゼァァズ [ðeərz]

☑ 586	**what** ッ**ワ**ット [hwɑt]	代 **何** 形 **何の** ▶ **What** is this?（これは何ですか。）
☑ 587	**this** **ズィ**ス [ðis]	代 **これ** 形 **この** 複 these [**ズィ**ーx] ▶ **This** is Mr. Green.（こちらはグリーンさんです。） **「こちらは〜です」**と人を紹介するときや，電話で自分の名前を言うときも this を使う。
☑ 588	**that** **ゼァ**ト [ðæt]	代 **あれ, それ** 形 **あの** 複 those [**ゾ**ウx]
☑ 589	**who** **フ**ー [hu:]	代 **だれ** ▶ **Who** is that boy?（あの少年はだれですか。）
☑ 590	**whose** **フ**ーx [hu:z]	代 **だれの, だれのもの** ▶ **Whose** bag is this? （これはだれのかばんですか。）
☑ 591	**these** **ズィ**ーx [ði:z]	代 **これら** 形 **これらの**
☑ 592	**which** ッ**ウィ**ッチ [hwitʃ]	代 **どちら, どれ** 形 **どちらの, どの** ▶ **Which** is your umbrella? （どちらがあなたのかさですか。）
☑ 593	**those** **ゾ**ウx [ðouz]	代 **あれら** 形 **あれらの**

☑ 594

everyone

エヴリワン
[évriwʌn]

代 **みんな**

関連 **everybody** 代 みんな

▶ **Everyone** likes him. (みんな彼が好きです。)
単数扱いをする。

THEME その他

☑ 595

the

ザ
[ðə]

冠 **その(日本語に訳さないことが多い)**

状況などから何をさしているかわかる名詞や、前に出た名詞をくり返すときに、くり返す名詞の前につける。また、順序を表す語(first, second など)の前にもつける。

☑ 596

a, an

ア, アン
[ə, ən]

冠 **1つの(日本語に訳さないことが多い)**

数えられる名詞の単数形の前につける。母音(ア・イ・ウ・エ・オに似た音)で始まる語の前には、an をつける。

☑ 597

can

キャン
[kæn]

助 **〜できる**

▶ She **can** run very fast.
(彼女はとても速く走ることができます。)

☑ 598

Mr.

ミスタァ
[místər]

略 **〜さん, 〜先生**

▶ **Mr.** Smith (スミスさん, スミス先生)
男性の姓または姓名の前につける敬称。

☑ 599

Ms.

ミズ
[miz]

略 **〜さん, 〜先生**

結婚しているかどうかに関係なく、女性の姓や姓名の前につける敬称。

☑ 600

Mrs.

ミスィズ
[mísiz]

略 **〜さん, 〜先生**

結婚している女性の敬称。姓または姓名の前につける。

1 She can speak Chinese (　　).

1. many　**2.** a little　**3.** few　**4.** very

(彼女は少し中国語を話すことができます。)

2 I (　　) go fishing with my father.

1. early　**2.** together　**3.** well　**4.** often

(私は父とよく釣りに行きます。)

3 A: Which do you like, dogs (　　) cats?

B: I like cats.

1. and　**2.** or　**3.** so　**4.** but

A: (あなたは犬かねこか, どちらが好きですか。)

B: (ねこが好きです。)

4 I get up (　　) six o'clock every day.

1. at　**2.** on　**3.** in　**4.** to

(私は毎日6時に起きます。)

．．

答え　　**1** 2　　**2** 4　　**3** 2　　**4** 1

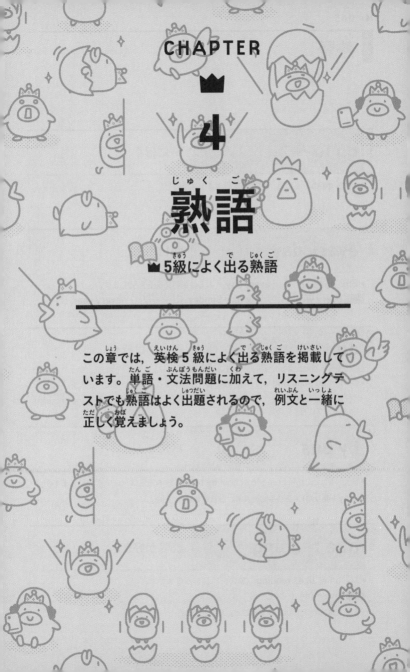

CHAPTER

4

熟語

5級によく出る熟語

この章では，英検5級によく出る熟語を掲載しています。単語・文法問題に加えて，リスニングテストでも熟語はよく出題されるので，例文と一緒に正しく覚えましょう。

THEME
熟語

✓
601
go to ～
～に行く

▶ Let's **go to** the zoo.（動物園に行きましょう。）

✓
602
every day
毎日

▶ Emi studies English **every day**.（エミは毎日英語を勉強します。）

関連 **every week**（毎週） **every Sunday**（毎週日曜日） **every year**（毎年）

✓
603
go shopping
買い物に行く

▶ I often **go shopping** with my mother.（私は母とよく買い物に行きます。）

ほかに go fishing（釣りに行く），go cycling（サイクリングに行く），go camping（キャンプに行く）の形で使われる。

✓
604
by bus
バスで

▶ Does Mr. Suzuki come to school **by bus**?（鈴木先生はバスで学校に来ますか。）

〈by＋乗り物〉で交通手段を表す。自転車なら by bike。

✓
605
like reading
読書が好きだ

▶ My father **likes reading**.（私の父は読書が好きです。）

関連 **love ～ing**（～することが大好きだ）

この動詞のing形は「～すること」という意味。

606 over there あそこに[で]

▶ Your friends are playing soccer **over there**.
（あなたの友達があそこでサッカーをしているよ。）
関連 **over here**（こちらに，こちらの方へ）

607 this morning 今朝

▶ We have a math test **this morning**.（今朝数学のテストがあります。）
関連 **this afternoon**（きょうの午後） **this evening**（きょうの夕方）

608 at home 家で[に]

▶ Is your mother **at home**?（あなたのお母さんは家にいますか。）

609 do my homework 私の宿題をする

▶ I **do my homework** before dinner.（私は夕食前に宿題をします。）

610 look at ～ ～を見る

▶ **Look at** that car over there.（あそこにあるあの車を見て。）

611 very much とても

▶ My sister likes cats **very much**.（私の姉[妹]はねこがとても好きです。）

動詞

名詞

形容詞・副詞など

熟語

会話表現

■)) 046

☑ 612

after school

放課後

▶ Let's study in the library **after school**. (放課後，図書館で勉強しよう。)

☑ 613

in the morning

朝に，午前中に

the をつけ忘れ ないようにね。

▶ My father drinks coffee **in the morning**. (父は朝，コーヒーを飲みます。)

☑ 614

go to school

学校に行く，通学する

▶ How does Ken **go to school**? (ケンはどうやって学校に行きますか。)

☑ 615

come to ～

～に来る

▶ Please **come to** my birthday party. (私の誕生日パーティーに来てください。)

☑ 616

go to bed

寝る

▶ My little brother **goes to bed** at eight. (私の弟は8時に寝ます。)

☑ 617

live in ～

～に住んでいる

▶ My grandparents **live in** a big house. (私の祖父母は大きな家に住んでいます。)

動詞

名詞

形容詞・副詞など

熟語

会話表現

☑ 618

be in the art club　美術部に入っている

▶ Yumi and I **are in the art club**. (ユミと私は美術部に入っています。)
学校の部活動を言う場合, ふつう文化部には**in the ～ club**を使う。

☑ 619

a lot of ～　たくさんの～

▶ I have **a lot of** homework today. (私はきょう宿題がたくさんあります。)

☑ 620

time for ～　～の時間

▶ It's **time for** lunch, Mike. (マイク, 昼食の時間ですよ。)

☑ 621

a little　少し, 少しの

▶ She can speak Japanese **a little**. (彼女は少し日本語を話すことができます。)

☑ 622

get up　起きる

▶ What time do you usually **get up**? (あなたはふつう何時に起きますか。)
横になっている状態から起き上がる動作のことを表す。

☑ 623

go to work　仕事(場)に行く, 通勤する

▶ My father **goes to work** by car. (父は車で仕事(場)に行きます。)

■)) 047

624

in the afternoon 午後に

▶ I have soccer practice **in the afternoon**.
（私は午後にサッカーの練習があります。）
関連 **in the evening**（夕方に）

625

next week 来週

▶ We have the school trip **next week**.（来週、修学旅行[遠足]があります。）
関連 **next time**（次回、今度） **next Sunday**（今度の日曜日）

626

on TV テレビで

▶ I like watching dramas **on TV**.（私はテレビでドラマを見るのが好きです。）

627

be on the tennis team テニス部に入っている

▶ My brother **is on the tennis team** at high school.
（私の兄は高校でテニス部に入っています。）
学校の部活動を言う場合、ふつう運動部には**on the ～ team**を使う。

628

listen to ～ ～を聞く

「(人)の言うことに耳を傾ける」という意味もあるよ。

▶ What are you **listening to**?（あなたは何を聞いていますか。）

629

a cup of ～ カップ1杯の～

▶ Mr. Tanaka drinks **a cup of** coffee after lunch.
（田中先生は昼食後にコーヒーをカップ1杯飲みます。）
「(カップ)2杯のコーヒー」は **two cups of** coffee となる。

138

☑ 630 a glass of ～　　　コップ1杯の～

▶ I want **a glass of** orange juice. (私はオレンジジュースが1杯ほしいです。)
「(コップ)2杯の水」は **two glasses of** water となる。

☑ 631 at night　　　夜に

▶ Don't go out **at night**, Kate. (ケイト, 夜, 外に出てはいけないよ。)

☑ 632 go home　　　家に帰る

▶ How does she **go home**? (彼女はどうやって家に帰りますか。)

☑ 633 sit down　　　すわる

▶ **Sit down**, please. (すわってください。)

☑ 634 stand up　　　立つ, 立ち上がる

▶ Please **stand up**. (立ってください。)

☑ 635 take a picture　　　写真をとる

▶ Don't **take pictures** here. (ここで写真をとってはいけません。)
pictures と複数形になることもある。

139

☑ 636
a lot
たくさん, とても

▶ It snows **a lot** in Hokkaido in winter. （北海道では冬に雪がたくさん降ります。）

☑ 637
come in
(中に)入る

▶ Please **come in**. （どうぞ入ってください。）

☑ 638
from A to B
AからBまで

▶ My mother works **from ten to three**. （私の母は10時から3時まで働いています。）
A, Bには, **時間を表す語(句)のほか, 場所を表す語(句)もくる。**

☑ 639
go to the movies
映画に行く

▶ Let's **go to the movies** this Sunday. （この日曜日は映画に行きましょう。）
go to a movie とも言う。

☑ 640
on the phone
電話で

▶ She often talks **on the phone** at night. （彼女は夜によく電話で話します。）

☑ 641
write a letter to ～
～に手紙を書く

▶ I'm **writing a letter to** Grandma. （おばあちゃんに手紙を書いているよ。）
関連 **write an e-mail to ～** （～にEメールを書く）

動詞

名詞

形容詞・副詞など

熟語

会話表現

☑ 642
brush your teeth　　あなたの歯をみがく

▶ Do you **brush your teeth** after lunch?（あなたは昼食後に歯をみがきますか。）

☑ 643
come back　　戻ってくる

▶ Please **come back** here at two.（2時にここに戻ってきてください。）

☑ 644
get to ～　　～に着く

▶ How can I **get to** your house?（どうやってあなたの家に行けばいいですか。）

☑ 645
help me with ～　　私の～を手伝う

▶ My sister always **helps me with** my homework.
（姉はいつも私の宿題を手伝ってくれます。）

☑ 646
talk to ～　　～と話をする，
～に話しかける

▶ Can I **talk to** Mei, please?
（〈電話で〉メイと話をすることができますか。⇒ メイをお願いします。）

☑ 647
walk to ～　　～に歩いていく

▶ Do you **walk to** school?（あなたは学校に歩いていきますか。）

049

☑ 648 talk about ～　　　　～について話す

▶ What are you **talking about**?（あなたたちは何について話していますか。）
話題になっていることは何かをたずねるときに使う表現。

☑ 649 right now　　　　ちょうど今

「今すぐ」という意味もあるよ。

▶ We are having lunch **right now**.
（ちょうど今，私たちは昼食を食べています。）

☑ 650 take a bath　　　　風呂に入る

▶ My brother is **taking a bath** now.（弟は今，風呂に入っています。）
関連 **take a shower**（シャワーをあびる）

👑 チェックテスト

1 My sister likes (　). She is a good cook.
1. make cookies　2. cook　3. cooking
(私の姉は料理が好きです。彼女は料理がじょうずです。)

2 I usually go (　) at eleven.
1. on bed　2. to bed　3. in sleep
(私はふつう11時に寝ます。)

3 It's (　) dinner, Yumi.
1. time for　2. hour for　3. time to　4. evening for
(ユミ，夕食の時間ですよ。)

4 This bus goes (　①　) Tokyo (　②　) Shizuoka.
1. ①for ②in　　2. ①from ②to
3. ①from ②at　　4. ①for ②to
(このバスは東京から静岡まで行きます。)

5 He is (　) music in his room.
1. hearing to　2. hearing for
3. listening to　4. listening from
(彼は部屋で音楽を聞いています。)

答え　❶ 3　❷ 2　❸ 1　❹ 2　❺ 3

143

会話表現

👑 シーン別　5級によく出る会話表現

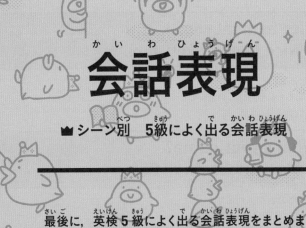

最後に，英検5級によく出る会話表現をまとめました。会話表現は，筆記問題でもリスニングテストでもよく出題されます。場面別に掲載してあるので，同じような場面で使われる表現はまとめて覚えましょう。

あいさつ・お礼

☑ **Nice to meet you.**
— Nice to meet you, too.

はじめまして。
— こちらこそ，はじめまして。

初対面のときのあいさつ。

☑ **What's your name?**
— My name is Kumi Sato.

あなたの名前は何ですか。
— 私の名前は佐藤久美です。

☑ **Good morning, Ms. White.**
— Hi, Mike.

おはようございます，ホワイト先生。— やあ，マイク。

朝のあいさつ。午後はGood afternoon. (こんにちは。)，夕方・夜はGood evening.
(こんばんは。)，寝るときはGood night. (おやすみなさい。)を使う。

☑ **How are you (doing)?**
— Fine, thanks. And you?

元気ですか。
— 元気です，ありがとう。あなたはどうですか。

☑ Goodbye.
— See you later.

さようなら。
— またあとで(会いましょう)。

別れるときのあいさつ。

☑ Have a nice day.
— You, too.

すてきな一日を(過ごしてください)。
— あなたも。

☑ Thank you (very much).
— You're welcome.

(どうも)ありがとうございます。
— どういたしまして。

☑ Welcome to the party!
— Thank you for inviting me.

パーティーにようこそ!
— お招きいただきありがとうございます。

Thank you for 〜(ing). で「〜を(してくれて)ありがとうございます。」の意味を表す。

いろいろな質問

☑ **What's the date today?**
— It's June 23rd.

きょうは何月何日ですか。
— 6月23日です。

☑ **What day (of the week) is it today?**
— It's Friday.

きょうは何曜日ですか。
— 金曜日です。

☑ **What time is it?**
— It's 4:35.

何時ですか。
— 4時35分です。

☑ **What time do you usually get up?**
— At seven o'clock.

あなたはふつう何時に起きますか。
— 7時です。

時刻には時の一点を表す **at** をつける。

☑ **How is the weather?**
— It's cloudy.

天気はどうですか。
—くもりです。

☑ **How old are you?**
— I'm twelve (years old).

あなたは何歳ですか。
—私は12歳です。

☑ **How long do you practice the piano every day?**
— For two hours.

あなたは毎日どのくらい(長く)ピアノを練習しますか。
—2時間です。

How long ～? は長さ・期間をたずねる表現。

☑ **How many boys are (there) in your club?**
— There are three.

あなたのクラブに男の子は何人いますか。
—3人います。

How many ～? は数をたずねる表現。

☑ **How much is this T-shirt?**
— It's twenty dollars.

このTシャツはいくらですか。
—20ドルです。

How much ～? は値段をたずねる表現。

☑ **How tall is your mother?**
— She's 160 centimeters tall.

あなたのお母さんの身長はどのくらいですか。
— 彼女の身長は160センチです。

How tall ~? は身長・ものの高さをたずねる表現。

☑ **Excuse me, where is the bathroom?**
— It's over there.

すみません，トイレはどこですか。
— あそこです。

☑ **I like dogs. How about you?**
— Me, too.

私は犬が好きです。あなたはどうですか。
— 私も(好き)です。

SCENE

依頼・提案・誘い

☑ **Please close the window, Kate.**
— All right, Dad.

ケイト，窓を閉めて。
— わかったわ，パパ。

命令文に **please** をつけて依頼を表す。dadやmomなどを呼びかけで使うときは，ふつう大文字で始める。

動詞

☑ **Can you help me?**
— Of course.

名詞

私を手伝ってくれますか。
— もちろんです。

Can you 〜?は「〜してもらえますか。」と相手に**依頼する**ときの表現。

形容詞・副詞など

☑ **Can I see your ticket, please?**
— Here you are.

あなたのチケットを見せてもらえますか。
— はい，どうぞ。

Can I 〜?は「〜してもいいですか。」と**許可を求める**ときの表現。

熟語

☑ **Let's play tennis this afternoon.**
— Good idea.

きょうの午後，テニスをしましょう。
— いい(考え)ですね。

Let's 〜.は「〜しましょう。」と相手を**誘う**ときの表現。

会話表現

☑ **Do you want some apple juice?**
— Yes, please.

りんごジュースがほしいですか。
— はい，お願いします。

☑ **Mike, come on! Let's have lunch.**
— I'm coming.

マイク，こっちに来てよ！ 昼ごはんを食べよう。
— 今行くよ。

その他

☑ **It's time for bed, Ken.**
— OK, Mom.

ケン，寝る時間ですよ。
— わかったよ，ママ。

☑ **Don't eat in the library.**
— Oh, I'm sorry.

図書館でものを食べてはいけません。
— ああ，ごめんなさい。

〈Don't＋動詞の原形 〜.〉は否定の命令文で，「〜してはいけません。」という意味を表す。

☑ **Here's your change.**
— Thanks.

お釣りです。
— ありがとう。

☑ **Oh, I can't find my dictionary.**
— I see. You can use this one.

あれ，私の辞書が見つかりません。
— わかりました。これを使っていいですよ。

👑 チェックテスト

1 *A:* Goodbye.

B: ( ) later.

1. See you 2. Seeing you 3. Meeting you

A: (さようなら。) *B:* (またあとで(会いましょう)。)

2 *A:* What's ( ) today?

B: It's April 5th.

1. the month 2. the time 3. the date

A: (きょうは何月何日ですか。) *B:* (4月5日です。)

3 *A:* ( ) the weather?

B: It's sunny.

1. Why are 2. How is 3. When is

A: (天気はどうですか。) *B:* (晴れです。)

4 *A:* ( ) is she?

B: She's 10 years old.

1. How tall 2. How much 3. How high 4. How old

A: (彼女は何歳ですか。) *B:* (彼女は10歳です。)

5 *A:* I like fishing. ( ) you?

B: Me, too.

1. Are 2. Who are 3. How about 4. What around

A: (私は釣りが好きです。あなたはどう？) *B:* (私も(好き)です。)

・・・

答え **1** 1 **2** 3 **3** 2 **4** 4 **5** 3

英検5級英単語650さくいん

※この本に出てくる見出し語 650 語をアルファベット順に配列しています。
※熟語は 159 ページから始まります。数字は掲載ページです。

C
D
E
F
G
H
I
J
K

O
P
Q
R
S

熟語

データ作成	(株)ジャレックス
編集協力	上保匡代, 小縣宏行, 佐藤美穂, 敦賀亜希子, 宮崎史子, 森田桂子
英文校閲	Joseph Tabolt
録音	(財)英語教育協議会(ELEC)
ナレーション	Howard Colefield, Rachel Walzer, 水月優希
DTP	(株)明昌堂
デザイン	高橋明香
イラスト	加納徳博, 金井淳

※赤フィルターの材質は「PET」です。

本書に関するアンケートにご協力ください。
右のコードからアクセスし、
以下のアンケート番号を入力してご回答ください。
当事業部に届いたものの中から抽選で
年間 200 名様に、「図書カードネットギフト」
500 円分をプレゼントいたします。
アンケート番号：305777

ランク順英検 5 級英単語 650　新装版

本書は弊社より 2018 年 3 月に刊行された『ランク順英検 5 級英単語 650』の新装版です。

① データ管理コード：23-2031-0926（CC2014／2021）